海派文献丛录·新闻出版系列

张伟 主编 ／ 樊东伟 编著

海上书局图文史话

上海大学出版社

图书在版编目(CIP)数据

海上书局图文史话/樊东伟编著. —上海:上海大学出版社,2022.9
(海派文献丛录)
ISBN 978-7-5671-4523-8

Ⅰ.①海… Ⅱ.①樊… Ⅲ.①出版事业-文化史-上海-近现代 Ⅳ.①G239.275.1

中国版本图书馆 CIP 数据核字(2022)第 159501 号

责任编辑　黄晓彦
封面设计　缪炎栩

海派文献丛录

海上书局图文史话

樊东伟　编著

上海大学出版社出版发行
(上海市上大路99号　邮政编码200444)
(https://www.shupress.cn　发行热线 021-66135112)
出版人:戴骏豪

*

上海东亚彩印有限公司印刷　各地新华书店经销
开本 710mm×1000mm　1/16　插页4　印张15　字数300 000
2022年9月第1版　2022年9月第1次印刷
ISBN 978-7-5671-4523-8/G·3461　定价:160.00元

版权所有　侵权必究
如发现本书有印装质量问题请与印刷厂质量科联系
联系电话:021-34536788

拓宽海派文化研究的空间

（代丛书总序）

中华文明源远流长，绵延有序；各地域文化更灿若星汉，诸如中原文化、吴越文化、齐鲁文化、巴蜀文化、闽南文化、关东文化等，蓬勃兴旺，精彩纷呈。到了近代，随着地域特色的细分，各种文化特征潜质越来越突出。以上海为例，1843年开埠以后，迅速发展成为西方文化输入中国的最大窗口和传播中心。这里集中了全国最早、最多的中外文报刊和翻译出版机构，也是中国最大的艺术活动中心，电影、美术、音乐、戏剧、舞蹈等，均占全国的半壁江山。它们在这里合作竞争、交汇融合，共同构建了上海文化的开放格局。从19世纪末开始，上海已是整个中国，乃至整个亚洲区域内最繁华、最有影响力的文化大都会，并与伦敦、纽约、巴黎、柏林等城市并驾齐驱，跻身于国际性大都市之列。

一部近代史，上海既是复杂的，又是丰富的。从理论上讲，上海不仅在地理上处于东西方文化碰撞的边缘，在思想上也处于儒家文化与商业文化的边缘，因而它在开埠后逐渐形成了各种文化交融与重叠的"海派文化"。那种放眼世界，海纳百川，得风气之先而又民族自强的独特气质，正是历史奉献给上海人民的一份宝贵的文化遗产。近代上海是典型的移民城市，移民不仅来自全国的18个行省，也来自世界各地。无论就侨民总数还是国籍数而言，上海在所有中国城市中都独占鳌头，而且和其他城市受到相对单一的外来族群文化影响有所不同（如香港主要受英国文化影响，哈尔滨主要受俄罗斯文化影响，大连主要受日本文化影响，青岛主要受德国文化影响），作为世界多国殖民势力争相聚集之地的上海，它所接受的外来文化影响是最具综合性的。当时的上海，堪称一方融汇多元文化表演的大舞台，不同肤色的族群在这里生存共处，不同文字的报刊在这里出版发行，不同国别的货币在这里自由兑换，不同语言的广播、唱片在这里录制播放，不同风格流派的艺术门类在这里创作演出。这种人口的高度异质化所带来的文化来源的多元性，酿就出了自由宽容的文化氛围，并催生出充满活力的都市文化形态，上海也因此成为多元文化的摇篮。若具体而言，上海的万国建筑，荟萃了世界各国重要的建筑样式——殖民地外廊式、英国古典式、英国文艺复兴式、拜占庭式、巴洛克式、哥特复兴式、爱奥尼克式、北欧式、日本式、折中主义式、现代主义式……形成了世界建筑史上罕见的奇观胜景；戏曲方面，上海既有以周信芳、盖叫天为代表的"南派"京剧，又有以机关布景为特色的"海派京剧"；文学方面，上海既是"左翼文学"的大本营，又是鸳鸯蝴蝶派文学的活跃场所；就新闻史而言，上海既是晚清维新派报刊大声鼓呼的地方，又是泛滥成灾的通俗小报的滋生地。总而言之，追求时尚，兼容并蓄，是近代上海发达的商品经济社会中一种突出的社会心态，它反映在社会的方方面面，戏剧、文学、美术、音乐等领域无不如此。回顾这段历史，我们应该有更准确、更宽容的认识。

绵远流长的江南文化，为海派文化提供了营养滋润，而海派文化的融汇开放，又为红色文化的诞生提供了特殊有利的发展环境。近年来，有关海派文化的研究发展迅速，成果丰富，宏文巨著不断涌现。我们觉得，在习惯宏观叙事之余，似乎也很有必要对微观层面予以更多的关注，感受日常生活状态下那些充满温度的细节，并对此进行深度挖掘。如此，可能会增加许多意外的惊喜，同时也更有利于从一个新的维度拓宽近代上海城市文化的研究空间。我们这套丛书愿意为此添砖加瓦，尤其愿意在相关文献的整理研究方面略尽绵力。学术界将论文、论著的写作视为当然，这自然不错，但对史料文献的整理却往往重视不够，轻视有余，且在现行评价体系上还经常不算成果，至少大打折扣。其实，整理年谱、注释著作、编选资料、修订校勘等事项，是具有公益性质的学术基础建设工作，所花费的时间和精力，若论投入产出，似乎属于亏本买卖，没有多少人愿意做；且若没有辨伪存真的学术功底，是做不来也做不好的。就学术研究而言，一些基础性的工作必不可少，所谓"兵马未动，粮草先行"。我们真正需要的是沉下心来，做好史料工作，在更多更丰富的材料的滋润下才可能有更大的突破。情愿燃尽青春火焰，在给自己带来快乐的同时，更为他人提供光明，这应该是我们今天这个社会大力提倡的！

是为序，并与有志者共勉。

张　伟

2020年7月9日晨于宛华轩

体 例

1. 本书各篇基本按照出版机构的创办时间先后顺序排列，其中少数几家由创办人在不同时期所办的，则按时间先后集中编入同一篇内。如李达办人民出版社、昆仑书店、笔耕堂书店，邵洵美办金屋书店、中国美术刊行社、第一出版社、时代图书公司等。标题中用"／"间隔。

2. 本书所选编之机构主要集中于1919年新文化运动之后至1949年中华人民共和国成立前。因篇幅所限，仍有较多数量的出版机构未能编入，待日后择时增补。

3. 参照已出版的《近现代上海出版业印象记》（朱联保编撰，学林出版社1993年版）、《上海出版志》（宋原放、孙颙主编，上海社会科学院出版社2000版）内容，本书编写每家机构的内容以名称、起止时间、创办人、主要出版物、重要事件等为要素，力求文字简明准确。具体出版物仅选部分代表而未能详尽，以后可针对一批较具规模和行业价值的出版机构专门编辑其总目录。

4. 部分出版机构同时使用过的其他名称或副牌，在正文内列明，并附录书后索引中。

5. 本书资料最主要来源于近现代报纸广告和出版类书刊、各机构实际出版物及目录，少部分来源于著作人、出版人的回忆文章以及今人的出版史研究专著。

6. 关于各出版机构标记，由于已有张泽贤著《民国出版标记大观》《民国出版标记大观续集》（上海远东出版社2008年版／2012年版），本书仅选少量上述著作漏选之标记编入。

目 录

1840—1900 年

墨海书馆(1843—1866) …………………………………………………… 1
美华书馆(1860—1934) …………………………………………………… 3
扫叶山房书局(1862—1954) ……………………………………………… 5
土山湾印书馆(1870—1958) ……………………………………………… 7
别发印书馆(1872—1953) ………………………………………………… 9
千顷堂书局(清咸同年间—1955) ………………………………………… 11
广学会(1887—1956) ……………………………………………………… 13
广益书局(1900—1955) …………………………………………………… 15

1901—1918 年

有正书局(1902—1943) …………………………………………………… 17
神州国光社(1902—1954) ………………………………………………… 19
小说林社(1903—1909)/真美善书店(1927—1947) …………………… 21
新学会社/中国农业书局(1903—1954) ………………………………… 24
校经山房书局(1904—1939) ……………………………………………… 26
群益书社(1907—1953) …………………………………………………… 28
永祥印书馆(1907—1954) ………………………………………………… 30
医学书局(1908—1947) …………………………………………………… 32
中华图书馆(1910—1931) ………………………………………………… 34
国华书局/国华新记书局(1912—1947) ………………………………… 36
亚东图书馆(1913—1953) ………………………………………………… 38
泰东图书局(1914—1938) ………………………………………………… 40
艺苑真赏社(1915—1956) ………………………………………………… 42

1

广仓学宭（1916—1934）……………………………………… 44
大东书局（1916—1954）……………………………………… 46
中华新教育社（1916—1941）………………………………… 49
世界书局（1917—1954）……………………………………… 51

1919—1930 年

太平洋书店（1919—1935）…………………………………… 54
新民图书馆/新民图书馆兄弟公司（1919—1937）………… 56
大中华书局/三星书局（1919—1949）……………………… 58
大陆图书公司（1920—1926）………………………………… 60
公民书局（1920—1923）……………………………………… 62
民智书局（1921—1937）……………………………………… 64
人民出版社/昆仑书店/笔耕堂书店（1921—1937）……… 66
新文化书社（1921—1949）…………………………………… 68
群众图书公司（1924—1950）………………………………… 70
光华书局（1925—1935）……………………………………… 72
北新书局（1925—1949）……………………………………… 74
出版合作社（1925—1935）…………………………………… 76
良友图书印刷公司（1925—1945）…………………………… 78
三民图书公司（1925—1955）………………………………… 80
创造社出版部（1926—1929）………………………………… 82
光明书局（1926—1955）……………………………………… 84
卿云图书公司（1926—1934）………………………………… 86
形象艺术社（1926—1941）…………………………………… 88
春野书店（1927—1929）……………………………………… 90
中国旅行社（1927—1954）…………………………………… 92
现代书局（1927—1936）……………………………………… 94
新月书店（1927—1933）……………………………………… 97
新亚书店（1927—1954）……………………………………… 100
中央书店（1927—1954）……………………………………… 102
金屋书店/中国美术刊行社/第一出版社/

时代图书公司(1928—1950) ······ 104
第一线书店/水沫书店/东华书局/(1928—1935) ······ 107
大江书铺(1928—1934) ······ 109
春潮书局(1928—1931) ······ 111
乐群书店(1928—1931) ······ 113
芳草书店(1928—1931) ······ 115
亚细亚书局(1928—1936) ······ 117
南强书局(1929—1936) ······ 119
中医书局(1929—1955) ······ 121
黎明书局(1929—1949) ······ 123
文艺书局(1929—1936) ······ 126
平凡书局/开华书局/中学生书局(1929—1949) ······ 128
乐华图书公司(1929—1941) ······ 130
勤奋书局(1929—1954) ······ 132
华通书局/三通书局(1929—1945) ······ 134
佛学书局(1929—1956) ······ 136
博览书局(1930—1946) ······ 138
辛垦书店(1930—1937) ······ 140
德园家禽函授学校/成善出版社(1930—1941) ······ 143
晓星书店/戏学书局(1930—1956) ······ 145
龙门联合书局(1930—1954) ······ 147
儿童书局(1930—1951) ······ 149

1931—1949 年

新时代书局(1931—1935) ······ 151
新中国书局(1931—1943) ······ 153
长城书局(1931—1941) ······ 155
女子书店(1932—1936) ······ 157
春明书店(1932—1954) ······ 159
大众书局(1932—1955) ······ 161
大华书局(1932—1937) ······ 164

经纬书局(1933—1949) … 166
龙文书店(1934—1948) … 168
大光书局(1934—1948) … 170
上海杂志公司(1934—1954) … 172
竞文书局(1934—1953) … 174
人间书屋/宇宙风社/亢德书房(1935—1943) … 176
三江书店/人世间社(1936—1949) … 178
启明书局(1936—1954) … 180
西风社/家出版社(1936—1952) … 182
励力出版社/正气书局(1937—1954) … 184
中国文化服务社(1938—1949) … 186
春风音乐教育社(1938—1940) … 188
万叶书店(1938—1954) … 190
风雨书屋/中华大学图书公司(1938—1939) … 192
亚伟图书出版社(亚伟速记学校)(1938—1952) … 194
金星书店/霞社(1938—1941) … 196
亚光舆地学社/大中国图书局(1938—1954) … 198
夜窗书屋(1938—1949) … 200
海燕书店(1939—1954) … 202
作家书屋(1939—1955) … 204
中日文化协会上海分会/东方文化编译馆(1941—1945) … 206
古今出版社(1942—1944) … 208
群益出版社(1942—1951) … 210
太平书局(1942—1945) … 212
天地出版社(1943—1945) … 214
大雄书店/大雄书局(1943—1955) … 216
亦庐医室(1947—1949) … 218
晨光出版公司(1949—1953) … 220

海上书局名称拼音索引 … 222
后记 … 226

墨海书馆（1843—1866）

墨海书馆（The London Missionary Society Press）是基督教会在中国设置的最早的印刷出版机构。1843年12月底，传教士麦都思（Walte Henry Medhurst）受英国伦敦会派遣，携带印刷机器设备来到上海开办墨海书馆。1844年首部以活字铅印技术印刷的书籍出版，同年出版的《祈祷式文》也成为上海第一部石印著作。因此也使得墨海书馆成为中国近现代最早的出版机构。墨海书馆创办的年份恰好与上海城市开埠同一年，使其更具历史意义。

墨海书馆最初设址于上海县城北门外，1846年教会在山东路麦家圈（今山东中路福州路以南）所购土地上相继建成新馆以及仁济医院、布道站大楼。1847年8月引进先进的滚筒印刷机，最初靠牛拉作为驱动力，仍能日印五万张纸，极大地提高了印刷效率。

墨海书馆采取木刻、活字、石印等多种方式印刷书籍。最初几年出版的书籍均是宣教类作品，有《真理通道》《圣教要理》《三字经》《神天十条圣戒》《Chinese Dialogues》《幼学浅解问答》《论上帝差子救世》等30多种，其中大部分由麦都思本人撰编注释。麦都思于1856年底返回英国，墨海书馆由伟烈亚力（Alexander Wylie）接办，在中国编辑王韬、李善兰等人的协助下，出版了多种西方研究自然科学的书籍，如《续几何原本》《代数学》《重学浅说》《重学》《谈天》《植物学》《西医略谈》《博物新编》《全体新论》等。涵盖数学、物理学、天文学、医学等领域。其中1851年出版的《全体新论》是在中国出版的较早的西医著作，1859年出版的

光绪十年（1884）地图：墨海书馆位于山东路5号"耶稣堂"位置

《全体新论》郑振铎签赠本封面

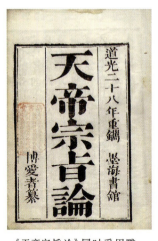

《天帝宗旨论》同时采用雕版、铅印和石印技术

《代数积拾级》是近代中国第一部高等数学译著。

1857年，伟烈亚力主编出版《六合丛谈》（《Shanghai Serial》）月刊，这是近代上海第一份综合性中文杂志。

伟烈亚力1860年离职，墨海书馆交由慕维廉（William Muirhead）主持。慕维廉的经营能力和意愿均不如前任，加之另一家教会出版机构美华书馆于1860年从宁波迁至上海，并迅速占据较大印刷市场份额，墨海书馆终于在1866年由慕维廉经手卖掉了全部中英文活字和印刷机，彻底停止了经营。

墨海书馆对于近代中国史的另一个重大意义是培养了王韬、李善兰、蒋敦复、管嗣复等一批优秀的学贯中西的文化先辈。他们依靠自身丰厚的东方传统学养，协助传教士们翻译大量的包括宗教、史地、数学、天文、物理、医学、生物等内容的经典西方著作，成为学习西方科技、了解西方文化的先驱人物，是中国近代史西学东渐的重要推动者。其中如江苏苏州人王韬（1828—1897）从1849年到1862年在书馆工作十多年，以后自办《循环日报》等出版物，成为中国近代报业的开创者。又如浙江海宁人李善兰（1811—1882），也在墨海书馆译书近八年。他自幼对数学兴趣浓厚，参与翻译《谈天》《续几何原理》《代数学》《植物学》等多种重要著作，确立了他的著名数学、天文学、植物学家的地位。

美华书馆（1860—1934）

1860年底，美国基督教长老会将设于宁波的华花圣经书房（The Chinese and American Holy Classic Book Establishment）迁往上海，改名美华书馆（The American Presbyterian Mission Press）。美华书馆初期一年多开设在美租界虹口地区，1862年6月迁入小东门外建成的新馆中，1875年10月搬到北京路18号（江西路口）三层新楼内，该处在1920年前后出售后的资金用于长老会购买位于英租界圆明园路的地块。1903年美华书馆又在北四川路135号建成新印刷馆，馆内设中华基督协会，并举办礼拜等活动。

1860—1869年间，美华书馆由姜别利（William Gamble）负责经营管理。这不到十年的时间也是书馆最为重要的阶段，为以后长达72年的经营打下了扎实的基础。在这个阶段出版的三百多种出版物中，传教书籍占到80%以上，非传教类书籍中以语言类居多，医学类其次。姜别利离开后，书馆分别由韦利（J. Wherry）、霍尔特（W. S. Holt）、费启鸿（G. F. Fitch）、金多士（Gilbert Mclntosh）等人主持，继续出版包括《圣经》在内的宣教书籍、教会学校教科书以及部分语言类和自然科学读物。其中比较重要的有1879年出版的中国近代最早的英语读本《英字指南》，1886年出版的最早的介绍西洋药物的《万国药方》等。

美华书馆对印刷技术进行多种改进和创新，其中最重要的两项是电镀法制造中文字模和元宝式排字架，这些技术大幅度地提高了生产效率和产品质量，使得其在数十年间一直保持着中国最大的印刷机构和活字供应商的地位。书馆承担着包括广学会在内的大量基督教组织和其他各界客户的印刷业务。美华书馆聘用的印刷工人数量也从最初的两人发展到两百多人，他们也为印刷行业培养了大量人才，商务印书馆的创始人夏粹芳和鲍咸昌、高凤池等曾一同在美华书馆从事排字印刷工作。高凤池日记中有记载："二十一岁入美华书馆任校对事，余问世事之第一朝也。""该馆为我国印刷事业之先师，亦系造成印刷人才之渊薮。"可见美华书馆对中国出版印刷业的重要意义。

位于北京路上的美华书馆

1926年8月间上海发生工人罢工运动,美华书馆一百多位工人积极响应,持续罢工十多天,直至劳资双方协商一致后复工。进入30年代,美华书馆的业务日渐衰败。高凤池在1930年11月20日的日记中亦有纪录:"近十年来,该馆营业逐渐衰落,年有亏折,其原因如次:(一)暮气已深,积重难返;(二)机械陈旧,产生力减;(三)同业竞争,相形见绌。今闻美国总差会决计将该馆停办,将全部地产房屋机件生财出售。"1931年10月24日,高凤池去拜访美华书馆的经理金多士时,书馆"已将全盘之地产房屋机器铅件如数出售于中国地产公司,约售银五十万两,草契已立,至年终银产两交"。此后不久,美华书馆完全停止了印刷业务。

1869年版《新约全书》

1903年版《中国六十年战史》

扫叶山房书局(1862—1954)

苏州洞庭席氏家族中的席世臣,曾在京城校编《四库全书》达三年之久,积累了丰富的经验,其高祖席启寓父子也曾办"琴川书屋"刊刻过书籍。清乾隆末年,席世臣创办扫叶山房开始刊印书籍。

同治元年(1862),席氏后代席威在上海重启被太平天国运动摧毁的扫叶山房,先后设南北两号及松江分号。扫叶山房历史贯穿中国古代和近现代的出版业一百数十年,不愧于上海"第一家老书局"之称。

扫叶山房作为核心成员,在清末发起成立上海最早的书业同业公会,为加强同业之间沟通与协作,保护书商的版权起到了积极的作用。进入20世纪30年代,扫叶山房也发起组织过一次书业同乐会,会同世界书局、百新书局、鸿宝斋、校经山房、海左书局等书业同行,以每月两次聚会,并定期缴存储蓄金等形式加强同业凝聚力,但似乎反响平淡,未能持久。

席威主持下的扫叶山房,主要依赖一批学识渊博的学者打理。进入清末,由朱记荣(字槐庐)总理书坊的经营,他致力搜罗各处珍稀和散佚的古旧版本,汇编了许多经典传世的丛书。朱记荣时期,扫叶山房也从纯粹木板印刷的古代书坊转型到与铅印、石印并存的新式书业形态,扫叶山房名称后也常常加上"书局"两字以示区别。到1904年,朱槐庐自立门户,成立了校经山房继续从事出版。

扫叶山房先设于上海城厢大东门内的彩衣街中市,后又在抛球场北市(即后来的棋盘街河南中路段)设总发行所,前者称南号,后者为北号,以后又在朱槐庐的家乡松江开设分号。1931年至1932年间,位于河南中路广东路口的扫叶山房北号翻新重建,以期重振业务。

1884年起,扫叶山房开始引入西方的铅印和石印技术,1886年石印出版《说文通检》。1894年以后,大量的石印书籍陆续出版。据杨丽莹著《扫叶山房史研究》(复旦大学出版社2013年版)书后附录记载,根据图书馆藏、扫叶山房自发的书目及书业同业公会档案等资料统计,扫叶山房书局出版石印书籍总数在540多种。

扫叶山房曾经与江左书林和校经山房朱氏等联名经营,共享版本资源和发行渠道,这种现象在发展迅速而竞争日趋激烈的近现代出版业中常有所见。

扫叶山房北号位于棋盘街(今河南中路)的总发行所

大约到清宣统年间,扫叶山房的石印书启用圆形瓦当图案作为商标,中嵌"扫叶山房"四字。

扫叶山房在1914年发行过两种期刊。由雷瑨主编的《文艺杂志》出版了13期。该杂志以"商榷文艺、网罗典籍、保存国粹"为宗旨,既发表了编者朋友圈中众多文人雅士的诗文作品以彰显文艺特质,又刊载了多种有质量的绝版或未刊书稿,以保存和弘扬国粹。《文艺杂志》同时也起到了为扫叶山房的出版业务进行宣传推广的作用,其第3期上印有两幅位于棋盘街的扫叶山房北号总发行所的照片,为出版史留下珍贵的图像资料。由扫叶山房松江分号主人席悟奕创办,顾痴遁、杜啸霞编辑的《织云杂志》,则只出版了两期。

五四新文化运动发起以后,扫叶山房书局依旧以普及国学、倡导中国本位文化为己任,继续出版以石印为主的经史子集类书籍,针对图书馆等学术机构优惠发售,凭借其数十年累积的大量版本和在书业的悠久资源,尚能维持经营。1937年抗战全面爆发后,扫叶山房书局与其他同行一样遭受挫折,经营大不如前。如此状况持续到上海解放后,于1954年停业。

1925年版《天真阁艳体诗》

1920年发行《抱朴子内外篇》

土山湾印书馆(1870—1958)

法国耶稣会在19世纪50年代建成蔡家湾孤儿院,院内便设有印刷工场,以后孤儿院迁入徐家汇土山湾。1870年土山湾印书馆(T'ou-sè-wè Press)正式成立,以后逐渐发展成为近代天主教在中国的最大出版机构。

从现存的20世纪30年代文献中可以看到,土山湾印书馆位于徐家汇土山湾孤儿工艺院东南处,由北向南依次为排字间、发行部、装订间、石印间、纸张仓库、照相室和杂物间。

土山湾印书馆最初主要是木板印刷,1870年前后购入一套铅铸中国活字,1874年兼并一家印刷厂时收入一些印刷机和中、西文铅字模,以后又成立石印部、照相制版部,把石印术、珂罗版印刷、照相铜锌制版、自动排字、分页印刷等技术相继投入使用,并且可以印制高质量的彩色出版物。到20世纪30年代土山湾印书馆已成为拥有6台大型印刷机,工人数量达169人的印刷大厂。

土山湾印书馆印刷中、英、法、拉丁文等不同文字出版物,内容包括宗教类、科技类、艺术类、汉学类、报刊类以及各类教科书,还印制画片、年历和法租界工部局的文件、报表、通告等。

从1892年开始出版的法语版《汉学丛书》,一直持续到1938年,内容涉及中国先秦史、古代哲学、传统信仰、地方志等多个领域,总数近七十种,是西方研究中国的重要文献。

土山湾印书馆还出版了《益闻录》(后更名《汇报》)、《圣教杂志》《圣心报》《圣体军》《天主教与妇女问题》等中文报刊。以及《震旦大学学报》《震旦大学学报·医学版》《光启社动态》《中国昆虫学文摘》四份法文期刊。

关于土山湾印书馆的出版物具体数量有多种说法,按该馆1941年书目,各类出版物已达971种,由此可以推测,截至新中国成立前,土山湾印书馆的出版书籍总数至少在千种以上。

土山湾印书馆有时也用"慈母堂""圣教杂志社"的名义出版书籍。

土山湾印书馆自1870年成立,到1958年并入中华印刷厂结束经营,前后存续时间将近90年。经营期间不断引入先进的印刷技术,培养出了一大批出版行业的技术和管理人员,同时出版了内容丰富的大量书报刊,对于推动中国近现代出版业发展起到重要作用。

土山湾印书馆印刷工场

《汉学丛书》之一

法汉对照《国文新课本》

别发印书馆(1872—1953)

别发印书馆(Kelly & Walsh Ltd.)同时也被称为"别发洋行"或"别发书局"。

由两家分别做贸易和印刷业务的英国公司合并而成的别发洋行,早在1872年就在上海广东路上有业务经营。如同英国的太古洋行、怡和洋行一样,别发洋行的经营业务非常广泛,有包括军火机器在内的各种商品的进出口贸易代理,有到日韩、东南亚以及欧美地区的航运代理,甚至还代理发售吕宋票等多种彩票。

别发印书馆的书籍出版印刷和销售业务开始于1873年,起初只是整个别发洋行业务的一小部分,但比较迅速地发展成为包括印刷、排字、铸版、出版、书店、流动图书馆、装订、雕版、印模制造及文具制造等多元化业务,同时还代理销售乐器、图版、图版物品、图画、家具、首饰、艺术品、华美物件、戏院及其他入场券。

除上海以外,别发洋行还在日本的长崎、神户、横滨,新加坡和中国香港、汉口等地设分行开展业务。

别发印书馆大量销售来自西方国家的新旧书籍,并代理多家欧美知名出版社的图书业务,因此成为大量中国文化名人的关注之地。据文献记载,严复、谭嗣同、辜鸿铭、林语堂、郁达夫、鲁迅、施蛰存等多人都曾提及或到访过这家书局,鲁迅日记中有多次关于这家书局的记录。

别发印书馆还在上海出版了许多介绍中国文化和地方风貌的英文书籍,这些书籍从装帧印刷到编辑内容都代表了当时欧美高质量的出版水平,有别于沪上早期国外宗教出版机构的出版物。这些书籍为向全世界宣传中国起到了积极的作用。

别发印书馆出版的书籍中,有一批关于中国各地的摄影集,是较早介绍中国的影像资料,价值弥足珍贵。如1905年和1930年出版的关于上海的《Shanghai: Its Sight & Scenes with Views of Surrounding Country》(《上海影集》)、《So-This is Shanghai》(《这就是上海》);1930年出版的关于长江的《The

Yangtze Gorges》(《三峡影集》),1933年出版的《The Splendours of Historic Nanking》(《南京影集》)等。

别发印书馆还组织国外汉学家翻译了一批中国古典名著,如《庄子》《三国志演义》《聊斋志异》《红楼梦》《古今奇观》等,还出版了大学者辜鸿铭所翻译的《论语》。

学者陈子善认为:"不管怎样,别发是上个世纪上半叶中国数一数二的外文书店,又是中学西传的重镇,却是确切无误的。"他还着重提及别发印书馆在1935年向海外发行的一本英文月刊《天下》(《Tian Hsia Monthly》)。"《天下》存在了六年,是当时中国自由主义知识分子推动国际文化交流的一个极为重要的平台,注重在现代西方语境乃至世界语境中阐释传统中国和现代中国,注重学术性、思想性和通俗性的兼顾,影响深远。单是《天下》的作者群,就可开出一份骄人的名单,胡先骕、金岳霖、凌叔华、孙大雨、邵洵美、钱锺书……涵盖之广,层次之高,自不待言。"他认为这份期刊的文化和历史价值正逐渐受到海内外学界的关注。

南京东路66号别发洋行大楼

别发洋行初期在广东路短暂经营数年后,便迁入了黄浦滩路(今外滩)11号新址(汇丰银行隔壁),并将此作为亚洲总部。以后又在南京路22号(不同时期门牌号为12号、66号)购地盖了新大楼,此楼今位于上海繁华的南京东路步行街东段。

1937年抗战全面爆发后,别发印书馆在上海的业务遭到较大打击,1945年战争结束时出版业务已逐渐转往香港、新加坡等地,到1953年所有经营彻底终止。

1905年版《上海影集》

1921年版《中国戏剧》

千顷堂书局(清咸同年间—1955)

千顷堂书局在清朝咸丰、同治年间在苏州开办,在 1872 年之前已在沪上设立分店。这家书局的名字会让我们想到明清时期目录学家黄虞稷(1626—1692)所编的著名的《千顷堂书目》,此书目编成之时已在清康熙年间。但两者之间尚找不到关联之处。

千顷堂书局初期在上海城内的具体地址,尚待考查。目前有资料可循的是 1908—1924 年书局位于今九江路上。1924 年初在汉口路 296 号(山东路口东侧,新闻报馆隔壁)建一幢三层洋楼,年底搬入新址。此楼一直使用至 1955 年公私合营后并入上海卫生出版社。

千顷堂书局的经营者,根据《上海出版志》中所列,创办人名黄产生,1894 年由张松涛接盘经营。从 1917 年起上海书业公会和书业同业会的资料中看到,书局的投资人和经理人均为浙江宁波籍人士,其中有一任经理鲍兴华不仅留有在宁波的地址,同时还兼任宁波汲便书局的经理。这大概是书局最初设在与宁波同乡会邻近的九江路上的原因吧。

千顷堂书局发行和经售的图书中,最具特色的是医学类书籍。20 世纪 30 年代该书局成为全国医学院校和医学团体的主要供应商。

1938 年该局发布的图书目录显示,医学类书籍比例高达 80% 以上,数量超千种,门类齐全,中西医兼顾。具体有本草类、内经类、诊断类、金匮类、伤寒类、时疫温热类、内症杂病类、医案医话类、方剂类、眼科类、喉科类、女科类、儿科类、外科类、针灸类、卫生类、辞典医学史类、生理类、西医书类、杂志类、丛书类、杂书类等。能将同一门类的图书品种如此细分,这在所有的出版机构中是绝无仅有的。这些书籍包括木板、石印、影印、铅印各种形式,可见书局向各出版方的发行征集工作是细致而全面的。

除了医学书外,千顷堂书局还经营另一种被称为"中国哲学"的书籍,这类书分为卜易类、奇门类、六壬类、术数类、命理类、相法类和地理类。如今的古书市场上,此类书籍常常能成为"物以稀而贵"的抢手货。千顷堂书局也出版过《芥子园画谱》《商界要览》以及六经四书之类的大众实用书籍。

新中国成立初期,千顷堂书局依然对外经售书籍,定期发布医学书目,直到并入上海卫生出版社后终止一切经营。

1930年版《千顷堂书局医学书目录》

千顷堂书局标识

1908年版石印本《本草问答》

广学会(1887—1956)

广学会的前身同文学会(The Society for the Diffusion of Christian and General Knowledge Among the Chinese)成立于1887年,1892年改名为广学会(The Christian Literature Society for China)。

广学会是在华西方基督徒资助,由英国传教士主持经营的一家有基督教背景的出版机构。广学会经营出版业务时间长,出版物数量多,其社会影响力也大,是外资出版机构中规模最大的一家。

广学会初期地址在熙华德路(今长治路)25号,以后又曾迁往江西路、塘沽路、四川北路各处,曾在河南路设发行所。1932年在博物院路(今虎丘路)128号建成九层大楼,此建筑保存至今。

1937年7月,上海博物馆和上海通志馆联合世界各地收藏家举办了一次文献展览会,展会对于广学会评价甚高,认为其在"中国初期维新时代对于西学之介绍,与文化之贡献,确曾有极大之努力"。展会称广学会在中国文化领域"实尽保姆之责"。广学会的编辑和撰稿人中,外国人如李提摩太、林乐知、韦廉臣、丁韪良、狄考文等,中国人如梁启超、蔡尔康、沈觉斋、赵晋卿等,均为第一流的学者、名士。而广学会主办的《万国公报》《大同报》《中西教会报》等,因撰稿人有康有为、梁启超等维新派干将,被誉为"当时舆论之权威、文化之先驱、青年之导师"。

广学会的出版领域,涉及宗教、政治、科学、文化等多个方面。广学会出版的书籍数量,普遍的说法是两千余种,而这次文献展览会介绍:"广学会五十年来所制图样三千种,不但表现当时的基督教的学者们对于中国之努力,同时可以窥见我们中国社会的一切情态。"

在中华民国后期,广学会对于其组织机构进行改革,一举打破以往西人主持的规定,聘请华人朱立德和徐宝谦分别担任总干事和出版委员会主席,"以期达到以国人治本国文字事业之目的"。

广学会中有两名华人编辑值得一提。

其一陈金镛（1869—1939），他也是知名学者陈梦熊、陈梦家兄弟的父亲。他在1918年从金陵神学院转入广学会工作，直到1930年退休。这十几年间，他全心全意投入广学会的以基督教中国本地化为目标的编辑任务，编辑出版了大量书籍，为广学会在配合政府推广平民教育、农村教育等多方面做出了杰出的贡献。在此期间他还撰写了《创世纪的家庭研究》《讲苑》《行道旨味录》《余之史》等多种著作。

1901年版《地球一百名人传》

其二谢颂羔（1895—1974），他于1926年加入广学会，持续工作到1951年。期间经历抗战爆发、远赴四川、新中国成立种种事件。他从编辑到出版部主任再到副总干事，主持出版大量书籍，个人参与编著的作品多达百余种。他以极其坚韧的精神传播基督教义，教育广大民众，以"将天国建在人间"为己任。研究者赵晓晖认为："谢颂羔坚持将思想启蒙与中国的现代化转型相结合，认为中国觉醒的希望在于每个人的觉醒，致力于培养有知识、有文化、有信仰、有能力的一代'新民'。"

谢颂羔陪伴广学会走完了其在中国的最后一程，广学会1956年与其他基督教出版单位组成中国基督教联合书局，1966年被彻底关闭。

1919年版《英国李提摩太致世界释家书》

1935年版谢颂羔著《艾迪集》

广益书局(1900—1955)

广益书局的掌门人魏炳荣与世界书局的创办者沈知方是绍兴同乡,在同一家书坊当过学徒,几乎同时到上海从事书业。同业竞争激烈,他们却始终携手共进,情深谊长。

魏炳荣与沈知方在性格上截然不同,一个低调踏实,不露声色;一个却擅长大刀阔斧,个性张扬。魏炳荣带领广益书局长达半个世纪,走过晚清、民国、新中国三个时代,这在近现代出版人中是罕见的。

看似平淡无奇的广益书局,其实在经营上是有许多亮点的。主要有下列几点:

1. 稳定的内部运营。魏炳荣在广益书局开办初期便请周菊亭担任协理,开始两人长达数十年的合作,直至1949年周菊亭去世。这对管理核心组合对外在书业同业公会、纸业公会以及所投资企业的股东会中均担任不同职务,协调利用行业资源;对内在出版、印刷、发行等各环节进行踏实有效的分工管理。这一点对于书局的长期稳定生存是至关重要的。他们长期请胡朴安等人担任书局编辑,胡朴安先后为书局编辑及撰著了数十种书籍,其中如他集全家之力主编的《俗语典》,至今仍是一部非常有价值的工具书。

2. 专注经营图书。广益书局在经营上只专注与书籍相关的业务,把这个行业做深做细。印刷上他们自办印刷厂,购置石印和铅印机器设备,既能满足内需又能承接外单。编辑上他们邀请胡怀琛、郭卫等不同领域的资深学者来保障出版物的质量。他们的大量无版权成本的新式标点文艺书,和较低成本的生活实用工具书籍,常常能成为市场上价廉物美的畅销书。他们使用不同的副牌销售书籍以显示专业性,如用法政学社名义出售法律书籍,用大达图书供应社名义发行标点折扣旧版书,以文艺小丛书社名义出版诗词、散文类书籍,用新民书局名义销售生活实用类书籍。广益书局逐步将分局开设到北京、广州、汉口、南京、长沙、重庆、南昌、开封、沈阳等各大城市,并利用书局良好的销售网络,代销经售数十家小规模书局的出版物,也经售牛津大学出版社的外文版书以及宗教类特色书籍。广益书局在进行并购、合作和投资业务时,也只选择在书业内进行,他们先后受盘彪蒙书局、广智书局,投资世界舆地学社等,使书局在教科书、社科书及地图出版等各个方面得到稳定发展。

3. 顺应行业变化。广益书局在出版业发展的各个阶段,都能做出及时的调整和响应,满足市场的需求。清末民初政局动荡,书局出版新出台的政令法规收效甚佳。民国初年通俗杂志流行,广益书局出版了《白相世界》《香艳小品》《上海杂志》《女子杂志》等多种期刊,在时间上早于大东书局和世界书局。在国学入门、生活实用、教学辅导等各个领域,广益书局始终以认真、实用、经济的经营态度对待读者,以通俗亲民的定位占据较多的市场份额。广益书局在棋盘街中市(河南路137号)同一位置经营近30年,1929年书局在福州路338号(山东路和山西路之间)设立分所,以后此处成为总发行所,这一举动也为配合20世纪30年代上海出版业中心从棋盘街(河南中路)迁移到四马路(福州路)的趋势。

1929年,广益书局发布报纸广告:"本局创业三十年,向设总发行所于上海棋盘街,印行各种实用书籍都二千余种,选稿精纯,定价低廉,已在书业中取得相当位置,夙为士林所称道。现当统一告成,特在四马路添设支店。开幕伊始,特别廉价赠彩一个月。"这种廉价促销,在其他书局早已是家常便饭,而广益书局却是破天荒的第一次,由此可知其与其他书局的不同之处。

1946年,中国大地局势渐乱,各业萧条,然而仍有报道称"出版业以广益书局获利最巨,因其大量翻印旧小说及古文四书,颇投小市民之所好故也"。这不难看出广益书局持之以恒的经营之道了。

广益书局经营持续到新中国成立后公私合营时期。局主魏炳荣堪称出版界常青树,1950年,70多岁的他赴京参加了第一届全国出版会议,并代表资方业主作了大会发言。

1942年版《水浒传演义》

1930年版胡朴安著《胡笳十八拍及其他》

1934年版《秋水轩尺牍》(大达图书供应社)

有正书局(1902—1943)

1902年,北京琉璃厂西门内即存有正书局。上海有正书局在民国初年的广告中自称创办于癸卯年(1903),两者时间相距甚近。1904年,江苏溧阳人狄楚青(1873—1941)在沪创办《时报》,有正书局便设在望平街时报馆内。狄楚青是清末维新派领袖康有为的追随者,号称其"江南惟一弟子",早期提倡变法,戊戌变法时又成为保皇立宪派,在北京先办有正书局或许也与此经历有关。

有正书局是中国最早将珂罗版技术用于印刷画册的出版机构之一。狄楚青名葆贤,号平子,别署平等阁主人,他热衷于诗词书画,笃信佛教,同时也是个收藏大家。从1908年开始,他广征私人藏家的珍贵书画作品,加上自己的大量藏品,出版了一套40册的《中国名画集》,共收唐宋元明清各朝名家书画500余幅。这套画册流传至今已百余年,里面许多作品早已失传,价值弥足珍贵。狄楚青还将他发表在报上的诗文,编集成《平等阁笔记》《平等阁诗话》在有正书局出版。有正书局还出版《小说时报》《妇女时报》《佛学丛报》等刊物。

在时报馆任职多年的包天笑在回忆录里提到:"有正书局也搜印了许多的古本书籍,有的已经是孤本,有的亦早已绝版了。即如八十回的《红楼梦》亦于此时出版,引起后四十回是否高鹗所续的争论。"

上海有正书局门市部位于四马路望平街(今福州路山东路)口商业繁华地段,内部书香浓郁,并陈列碑帖、名画、屏联、堂幅等,成为当时沪上文人雅士时常出入之地。1924年4月,大诗人泰戈尔到访上海,某晚在友人陪同下专程前往有正书局参观,观赏之余,他还购买了恽南田、费晓楼、改七香、沈石田、金冬心、八大山人等画家的画册,并称观后有诸多感想当在日后发表。1934年,鲁迅购得有正书局版《芥子园画谱》一部,并在书上题跋作诗,赠予许广平。

《中国名画》前后共出版40辑

民国时有记者报道北京有正分局:"有正门前,常有名流车马流连,门市生意则学界尤多,所处大小字帖,中小学生几余人人必备。又有佛书佛画,供各寺院各居士之需求,名业之盛,与其东邻之商务中华两分局成鼎足。"有正书局还先后在汉口、扬州、湖州、天津等地设有分局。

中国新闻学史先驱戈公振1913年初来上海时,便入有正书局学徒,因其才能出众受到狄楚青夫妇赏识,几年后升迁为书局和时报馆的编辑。戈公振在1925年编辑出版了《中国图案集》一书,被评价为"开我国古代图案和民间图案整理之先河"。

1936年,有正书局举办了35周年店庆,进行大幅度的廉价促销,这也为该局史上首次。以后便日渐萧条。1941年狄楚青去世,未过多久书局便告终止。

狄平子著《平等阁笔记》

1928年版《薛汾阴石淙诗》

神州国光社(1902—1954)

神州国光社的创办时间为1902年。该社在1917年发布的16周年广告中明确"本社自壬寅开创"可明证此时间。

创办人邓实(1877—1951,又名秋枚)是反清革命的支持者,1902年他主编《政艺通报》,宣传西方民主科学思想。以后又主编《国粹学报》,同样以鼓励革命为目的。

神州国光社以出版美术类书籍为主,兼及国学、文史类。最为著名的当属由黄宾虹、邓实合编的美术理论汇编丛书《美术丛书》,全套丛书编撰前后经历了20多年,1936年出齐后总共四集十辑160册,用上等连史纸以四号大字精印,线装装订后分装八个布函。这套丛书包含了古今名家关于美术的论著,汇编了许多珍稀的古籍版本,内容齐全,分类精细,极具文献价值和收藏价值。

神州国光社用珂罗版技术印刷的专刊金石书画的期刊《神州国光集》和《神州大观》,真实复原了大量中国历代的珍贵艺术作品,至今已成艺术鉴赏领域的珍贵文献。

神州国光社最初设在福州路东惠福里(原市府礼堂旧址),很快即搬至宁波路423号(近河南中路)。邓秋枚寓居张园后,将神州国光社也迁入其内。1928年,邓秋枚将神州国光社的招牌、版权连同所有存书一并出让给原十九路军将领陈铭枢。易主之后,黄宾虹仍担任编辑工作,地址也一度改为他当时的寓所福煦路同孚路口(近延安中路石门二路)汾阳坊418号。但不到一年,黄宾虹便辞职不干了。关于离开神州国光社的原因,黄宾虹太太宋若婴在回忆录里这样说明:"他离开神州国光社的原因,是为该社经营方式不好,讲究排场,不求实务。人诬蔑他为了神州国光社要出版新书所以他不干了,其实根本不是这么一回事。"

1929年底,神州国光社将发行所迁到棋盘街(今河南中路)上的四层大楼内,第二年又在新闸路开办印刷工厂,投入巨资置办设备,兴建厂房。陈铭枢请来王礼锡主持出版工作。神州国光社的出版风格也随之一变,在多地设立分支机构,创办神州读书会和函授学校。王礼锡创办《读书杂志》《文化杂志》《学术界》等期刊,出版"中国内乱外祸历史丛书""大学文库""烽火丛书"以及《政治学纲要》《政治经济学批判》《自然辩证法》等社科、文艺类书籍,作者包括王礼锡、陆晶清夫妇,以及郭沫若、高一涵、杜畏之、鲁迅、柔石、戴望舒、徐霞村、王独清、胡秋原、钱杏邨、孙席珍、施蛰存等大批在文坛上活跃的人士。

神州国光社还曾因躲避当局查禁,另外申请成立"言行出版社"出版了部分书籍。

1936年,神州国光社迁入福州路378号营业。未料随即抗战全面爆发,经营受阻。租界沦陷后,不得已迁往内地。抗战胜利后,胡秋原由重庆返沪恢复出版业务,经营至上海解放后。1954年公私合营后并入新知识出版社。

1908年版《神州国光集》第一集

《美术丛书》

1931年版《读书杂志》创刊号

小说林社(1903—1909)/真美善书店(1927—1947)

小说林社由曾朴与其常熟同乡徐念慈等人创办,时间在1904年初。该社"以提倡小说为唯一之主旨,于刊行小说外,绝不兼营其他书籍,亦不计销行力之如何"。从1904年2月出版《福尔摩斯再生案》起,小说林社每月必推出新小说多种,初版至少3000册以上,类型涉及历史、地理、科学、军事、侦探、神怪、言情、国民、家庭、社会、冒险、滑稽等,为推动晚清社会的小说阅读风潮起到了重要作用。由于销售良好,第二年曾朴便增资扩股,在棋盘街(今河南中路)设发行所,并收购东亚印书馆自办印刷所,招募多位名家成立编辑部进行小说的量产。

1907年,创办社刊《小说林》,并通过该刊在社会征集小说稿件。《小说林》在出版到第12期后,因主编徐念慈病故而停刊。

同年,小说林社还增设宏文馆,开辟学校教科书出版的新业务,未料这项业务造成资金上的大量消耗,为不久后倒闭埋下伏笔。

小说林社在三年多时间内,总共出版包括"小说林丛书"和"小本小说"等系列在内的各种小说近两百种,一时局面兴盛。

1908年,因经营不善,资金耗尽,曾朴只能将小说林社存书盘让于有正书局。1909年初小说林社停业,机器设备出售。曾朴人生的首次出版事业宣告结束,直到20年后又携子曾虚白再度复出。

1927年"双十节",名著《孽海花》作者东亚病夫(曾朴)在上海静安寺路122号(今南京西路近吴江路)开出真美善书店。这是他在1903年办小说林社之后,再次重返出版界。此时却已改朝换代,从晚清到了民国,而他的合作者也从当年的丁芝孙、徐念慈等人变成了他的儿子曾虚白。

曾朴父子办真美善书店意在"进修文艺"和"广交文友"。通过引进西方作品来"补充中国文艺的不足",通过书店这种形式"构成几个法国式的沙龙"以聚集"中西研究和爱好文艺人士"。

曾朴毕生对法国文学情有独钟，真美善书店最先出版的便是由他翻译的雨果的三部戏剧《欧那尼》《吕克兰斯鲍夏》和《吕伯兰》以及莫里哀喜剧《太太学堂》。此后他又翻译雨果的《钟楼怪人》《九十三年》以及左拉等法国名家的著作出版。

对于当年的热销成名作《孽海花》，曾朴自然要好好再利用一番。1928年，出版了平装一套三本的《孽海花》修订版，销路依旧甚佳，1931年又出版了一册合订本。

真美善书店比较重视西方文学以及社会科学著作的翻译出版，文学方面如曾朴父子合译《肉与死》、顾仲彝译法朗士《乐园之花》、顾仲彝和曾虚白合译哈代《人生小讽刺》、崔万秋译夏目漱石《草枕》及武者小路实笃《母与子》，张若谷译法国驻沪领事著《留沪外史》等。

曾虚白还曾编辑出版《1929年汉译东西洋文学作品编目》，可见书店对国外文学作品的高度重视。

关于社会政治方面，出版的"新世纪丛书"包括《民族的国际斗争》《政治思想之变迁》《马克思主义根本问题》《目睹的苏俄》等。

由于曾朴父子在上海文学界的影响力，他们身边聚集了一批知名作家，在发行推广上得到这些作者的鼎立支持。作家汪倜然在自己主持的《申报》副刊《艺术界》的书评栏目中，以大量的篇幅介绍真美善书店的出版物，有明显为真善美书店推波助澜的意图。

这些作者同时也为真美善书店提供了许多原创文学作品，如张若谷的《珈琲座谈》和《都市交响曲》，陈学昭《如梦》，孙席珍《战场上》和《金鞭》，徐蔚南《艺术家及其他》，周开庆《积翠湖滨》，卢梦殊《阿串姐》，马仲殊《太平洋暖流》等。

同其他文艺类的出版机构一样，真美善书店在开业不久也推出了大型期刊《真美善》，首卷为半月刊，第二卷起改为月刊，到1931年第七卷第四期改为季刊，出两期后停刊。《真美善》的编辑部最初设在法租界马斯南路（今思南路）115号一幢带花园的具有异国情调的小洋楼里，这里也逐渐成为聚集了一大批海派文人的文化沙龙。这份杂志在1929年初出版过一期"女作家号"，由张若谷主编，征集了30多位女作家的作品，其中不乏冰心、绿漪、庐隐、吴曙天、白薇、袁昌英、陈学昭等诸多当红作者，发行一万册很快销空，立即再版一万册，轰动出版界，以后该期又有再版。

真美善书店在曾朴父子经营时期几易地址,1928年2月迁至望平街(今山东中路)163号时事新报馆隔壁,仅几个月后搬到棋盘街(今河南中路)525号近广东路口。1929年9月搬回望平街6号与邵洵美的金屋书店联合营业。1931年初,地址改为静安寺路小沙渡路(今南京西路西康路)松寿里7号,而门市部则并入福州路的新月书店内。不久他们便结束了不到四年的出版业务。

　　1932年起直至抗战结束后,有《鲁男子》《孽海花》重版本和燕谷老人著《续孽海花》以真美善书店的名义出版,但经营者已不再是曾朴父子了。

小说林社《孽海花》初版(在日本印刷)

真美善书店版曾朴作品集之一种

《真美善》杂志创刊号

新学会社/中国农业书局(1903—1954)

中日甲午战争以后,浙江奉化一批支持新学的人士在龙津学堂发起成立新学会社。最初目的是办一家供应新书的书店。新学会社在宁波经营一段时间后,即派庄崧甫(字景仲)去上海开店,其中出资方有宁波望族小港李家。

新学会社在上海交通路(今昭通路)上,靠近棋盘街(今河南中路)。该社最早的出版物见于1903年。1906年11月,该社发行《预备立宪官话报》月刊,该报以"开化风俗,改良社会,使人人有预备立宪之资格为宗旨",提倡官制改革,地方自治,兴办教育,振兴实业,以达救亡图强之目的。1907年开始,新学会社出版新学堂用教科书。

新学会社在沪上同留日学生和同盟会成员有密切交流,庄崧甫本人也加入了同盟会,还通过陈英士介绍谒见过孙中山。新学会社积极支持辛亥革命运动,成为革命军在沪、浙两地的秘密据点,为两地光复做了大量工作。1911年上海光复后,新学会社出版发行《沪军都督批准新订步兵操法》,可佐证该社与辛亥革命的关联。

进入民国后,新学会社在北平、汉口、济南等地开办分支机构,从事出版发行业务。庄崧甫还先后在北洋政府、国民政府中担任官职。

1914年,新学会社举办十周年庆销售活动,公布的书籍目录多达百余种,其中以中小学教科书和农学用书为主。

此后,新学会社逐步奠定了以出版销售农学、实业类书籍为特色的经营主题。直至20世纪30年代更名为中国农业书局。

新学会社在民国时期的出版经营活动是相当活跃的,因其目标针对农业应用技术和农业科学生产,涵盖农林畜牧养殖各行业,有强大的市场需求,受到政局和战争影响相对小一些,能保持持续不衰的经营。

新学会社逐渐形成了以农业为核心的一整套业务体系。包括出版农业应用书籍,代售全国农业书籍杂志,代办农牧用品、农具、化肥,推广树苗、种子、种畜,并提供技术解答、设计方案等服务。新学会社成为一家专业从事农业领域出版和服务的机构。

以其自己出版的农业书籍为例,包括一般农书、作物、造林、果蔬园艺、兽医畜牧、养兔、养蜂、养鸡、水禽、水产、养鸽、农业制造以及其他各类,多达数百种。同时还有专门针对学校教学的农学类教科书系列。

新学会社还曾发行过两种文艺杂志。1914—1916年间,新学会社出版过由高剑华主编的妇女文学期刊《眉语》,因其以女性视角策划编辑,成为内容独特的鸳鸯蝴蝶派杂志。上海沦陷时期,新学会社还发行过一种《大陆》月刊,由王任叔、楼适夷、裘柱常等编辑,参与的作者包括蒯斯曛、胡泳骐、陈巳生、平心等。

1936年,新农会社同时启用中国农业书局的招牌,显示其专业化的雄心。

1939年11月,庄崧甫80岁大寿时,蒋介石、林森、孔祥熙等高官显贵纷纷发来贺词。次年他病逝于老家奉化。其子庄逸林继承父业,继续主持书局业务。

新中国成立后,中国农业书局继续经营至1954年后停业。

中国农业书局图书目录

1926年版《园艺历》

1914年版《水产养殖法》

校经山房书局（1904—1939）

以 1925 年为界，校经山房书局分为前后两个时期。前期是由朱槐庐（即朱记荣）创办的校经山房，从 1904 年独立经营开始到 1925 年盘出。后阶段从 1925 年由大成书局盘入后更名为校经山房成记书局，直到 1939 年因负巨额债务，造成股东之间发生纠纷而停业。

校经山房创办人朱槐庐是浙江嘉兴人，长居松江西门外秀野桥，是一名曾入国子监读书的学者型商人，而且热心搜罗散落各地的古籍珍本。俞樾和杨守敬在为朱槐庐所刻印的《槐庐丛书》所作序言中，对其均称赞有加。俞樾称其"所刻丛书尽善"，杨守敬则称他为"当今陈思一流人"。朱槐庐在同治中后期到光绪三十年（1904）间长期主持扫叶山房的经营，是当时书业中很有影响力的人物。

朱槐庐精通目录校雠之学，在为扫叶山房服务期间，便开设副牌校经山房刊印丛书多种。1904 年，他正式脱离扫叶山房，在上海大东门内朝宝路自办校经山房。此时书坊内不仅拥有他原先已有的精刻木版数百种，同时为顺应出版业的革新发展，还添置了铅印和石印机器设备，所印书籍覆盖经学、历史、政治、地理、天文、算学、博物、理化等各科，校经山房大有一展身手，赶超扫叶山房之势。

朱槐庐自营校经山房刚好十年整，1913 年他病逝于松江寓所。校经山房依赖朱氏打下的厚实基础维持经营至 1925 年，后人终于无意继续而盘让给了大成书局。

大成书局是一家股东合伙制的书局，1925 年创办时的资金高达六万之巨，可见股东们是雄心勃勃企图开创一番出版事业的。该书局除在城内旧仓街上设总局外，以后还在天津及印尼泗水开办分局，一度经营颇为发达。

大成书局在开办当年即收购了校经山房后，决定保留校这个书业老字号，在四马路（今福州路）中市新设校经山房成记书局，以后也时常沿用"校经山房"旧名。开张之后依然利用校经山房留存的大量刻制精良的旧木版印行经典丛书以招揽生意，其中有十大丛书包括《校经山房丛书》《槐庐丛书》《平津馆丛书》《金石丛书》《金石全例》《拜经楼丛书》《顾亭林丛书》《经学丛书》《惜抱轩全集》《诗毛氏传疏》。书局还特意印制了一册全部雕版印刷的图书目录,这在旧式书坊式微的20世纪20年代出版业中,是很显其特色的。

校经山房成记书局出版的书籍较朱槐庐时期内容更广,数量更大。中医方面内容如《御纂医宗金鉴》《国医药物学》等数十种,占卜相术风水类如《铁板神术》《地理大全》等,国学类如《东莱博议》《孔子家语》《庄子集解》《墨子闲诂》等,文学类有《红楼梦鼓词》《镜花缘》等,通俗历史书有《陈隋艳史演义》《宋宫十八朝演义》《汉宫二十八朝演义》《清代三百年艳史》等。还有《马骀画问》《百尺楼丛画》等画册。掌故大王郑逸梅编撰的《逸梅丛谈》《小品大观》《瓶笙花影录》,名医陆士谔的《国医新话》、文公直的《碧血丹心大侠》等均在其列。

1939年,担任校经山房成记书局经理的王淡如去世后,留下数万元的巨额债务。各路债权人纷纷向大成书局索债,时任大成书局总经理吴锡荣非但置之不理,而且乘混乱之际伙同女婿沈昆仲等人擅自变卖了泗水分局的财物,引起股东会内部严重纠纷,最终诉至法庭,导致整个书局破产清算。

1925年校经山房成记书局《图书目录》

石印本《绘图东医宝鉴》

石印本《五彩绘图千家诗》

群益书社（1907—1953）

群益书社于光绪二十八年（1902）开办于湖南长沙，1907年到上海福州路惠福里内设立分社。

开办初期主打英文学习工具书，且版本众多、门类齐全，又是在日本印刷，质量高于国内，广受民众青睐。这些英语类出版物伴随群益书社从晚清到民国整个经营过程，是支撑这家书社生存的关键所在。以后逐渐进入教科书市场，出版新学堂用的各科教科书，这些颇能获利的出版物使群益书社能立足于沪上竞争激烈的书业中。

不过群益书社最大的亮点是有幸受到陈独秀眷顾，出版了近现代史上一份伟大的杂志——《新青年》。《新青年》是与中国共产党成立和发展休戚相关的一份重要刊物，创刊时名为《青年杂志》。陈独秀原本想把这份杂志交给自己安徽同乡办的亚东图书馆出版，结果阴错阳差，最后落到了湖南人陈子沛、陈子寿所办的群益书社。一直主营英文书和教科书的群益书社，突然推出一本思想激进的《新青年》杂志，引发各界注意和反响。群益书社也竭力为《新青年》做宣传，称之为"单刀直入之文章，恶浊社会之棒喝，立志成功之教训，入世初步之明灯"；提出陈独秀的办刊主张，"提倡旧伦理道德之讨论，介绍西洋近代文艺，输入适于我国之新思潮，鼓吹青年少年团制度"。由此可见，《新青年》确实是一份唤醒民众、鼓励革命的进步刊物。事实证明该刊助推日后中国共产党在上海诞生。

《新青年》从1915年到1919年在群益书社出版了7卷42期，在此期间，由于杂志热销也提升了群益书社的社会知名度。1920年起该刊独立出版，自办发行。

1921年群益书社出版周作人、鲁迅编的《域外小说集》的增订本，此后还出版了周作人的《艺术与生活》。刘半农研究国文的《四声实验录》《中国文法通论》两部作品也在该社出版。

民国初年,群益书社从惠福里弄堂内迁至出版业的核心区域棋盘街(今河南中路)泗泾路口。1929年底,书社在旧址旁新建四层楼房,进一步扩展经营。此时的书社除销售书刊外,还兼营文具用品、湖南特产,甚至德国进口的艺术画片等。此后还曾在南京路河南路处开设群益分社。

1934年秋,群益书社歇业。到第二年,其所出书籍全部通过求益书社发行,社址也迁到开封路热河路中市。求益书社随后迁到福州路375号,并增设账本、稿纸、信笺等制品业务,抗战期间均在此地经营。

1946年6月,群益书社宣布复业,称之前将所有版权暂交求益书社发行是因为受中日战事影响。群益书社在20世纪30年代突然更名之事,是否与其同日本有业务往来相关,尚待求证。

上海解放后,群益书社负责人陈汉声将在该社出版的《新青年》杂志第一至第七卷的纸型捐献给中央政府,为保留红色文献立下大功。

群益书社标识

《青年杂志》创刊号

永祥印书馆（1907—1954）

永祥印书馆最早靠印刷业务起家，有经营记录始于1907年。创办人陈永泰，故该馆早期也有"永祥印字馆"或"陈永泰印书馆"之名。陈永泰勤勉经营20多年，开在爱文义路（今北京西路）517号的永祥印书馆名声渐起。1931年，陈永泰得重病自知将不起，而儿子陈安镇尚年幼在学。陈永泰不得已请在纱厂服务的女婿戴鹤卿担任经理接管永祥印书馆，并立下遗嘱告诫戴鹤卿六年内不得离职他就，显然是希望等其子成人后接班。此后几年戴鹤卿掌管业务，与陈氏家族相安无事。

1935年，陈安镇在外以"永祥"名义为他人担保，戴鹤卿不同意为其盖章。同时戴鹤卿以行业不景气为由，邀请亲友商议要改组公司另行经营，并以此为由辞退陈安镇永祥印书馆职务。由此郎舅二人发生争执差一点闹上法庭，最后由老太太陈许氏出面为儿子和女婿调解，消除误会。此事过后，陈安镇还是顺利接管了家族的生意。陈安镇颇有经营才能，在商场亦交游甚广。他将永祥印书馆改组成股份有限公司并上市流通，使之成为华商中少数几家文化业股票之一。他还集资开办中国艺林彩印股份有限公司，股东们都是为沪上各大药房、药厂和染织厂提供印刷业务的服务商。他还盘下了大昌元印刷纸号、美纶股票印刷公司、Slovo俄文报馆等企业，并联合一批沪上商人共同投资了几家制造公司。

1940年，永祥印书馆工场迁入山东路228弄永乐里内。1942年9月，永祥印书馆在福州路380号增设总发行所，销售中外书籍、日历画片、文具仪器、自来水笔、纸张账册等，并承接美术设计、彩色印刷等业务。

永祥印书馆改组成股份公司后，投资方希望开拓新业务提升公司竞争力，陈永镇决定成立编辑部开启出版业务。1944年夏天，通过复旦大学教务长金通尹介绍，陈永镇邀请范泉主持编辑部工作，率先出版不定期的《文艺春秋》丛刊。1944年、1945年出版五辑，以后改为月刊，到1949年4月，总共出刊44期。《文艺春秋》是民国后期的一份重要的文艺期刊。研究者肖爽爽认为，《文艺春秋》"以鲜明的进步立场、高雅的文学品位、新颖的编排设计,赢得了广大读者的喜爱,产生了广泛的影响"。现代文学研究者陈青生认为:"《文艺春秋》是抗战结束后得以延续出版的少数战时文学刊物,也是四十年代后半期上海持续寿命最长的文学期刊,还是当时传播和影响最为广远的上海文学刊物之一。"该刊栏目设置丰富多样,文字有小说、诗歌、散文、杂文、剧本,图片配以插页、墨迹、漫画、照片等,聚集了当时最庞大的作家群体,包括巴金、茅盾、郭沫若、田汉、冯雪峰、叶圣陶、许广平、郑振铎、夏衍、戴望舒、施蛰存、孔另境、柯灵、李健吾、许杰、夏征农等200多位。

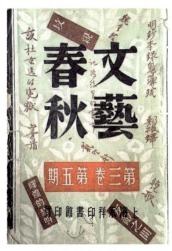

《文艺春秋》共出版44期

永祥印书馆还出版过《文联》《文章》《少年世界》几种期刊。图书方面,在范泉主持下出版了少年文学故事丛书15种、青年知识文库四辑40种、文学新刊四集24种,另有国民党二十五军副军长唐子长编辑的八卷本《二次世界大战欧洲战史》等。

新中国成立后,永祥印书馆在上海正常经营至1954年公私合营后停业。永祥印书馆能够在沦陷时期、国统时期出版业并不景气时逆势而动,并取得相当业绩,与陈安镇在经营管理上付出的努力和编辑范泉的鼎力配合是密不可分的。

"青年知识文库"之方君逸著《演员与演技》

唐子长著八卷本《二次世界大战欧洲战史》

医学书局(1908—1947)

医学书局的创办人丁福保(1874—1952)是海上传奇人物。他的学习能力堪称一绝,自幼饱读诗书,打下扎实的国学基础;继而专攻算学领域,著书立说自成一家;而后又改学中医,并通晓西医,撰著和翻译了大量医学书籍,悬壶为业,名满申城;他还是大藏书家,谙熟书目学;研究古钱币,编有《古钱大辞典》,成泉界权威;他一生信佛,佛学著作数十种,编出《佛学大辞典》传世至今。丁福保晚年的大量时间投身公益慈善,出席社会活动,有平民领袖之声誉。很难想象丁福保在做出上述如此多的成绩以外,还能有精力从事出版,医学书局在书业经营近40年,颇具规模且业绩斐然。

丁福保1908年辞去京师教习馆算学兼生理学的教职后,回到上海便开启行医著书之生涯,同时也有了医学书局的出版业务。医学书局随着丁福保的寓所兼诊所迁移,从最初的派克路(今黄河路)寿昌里,到静安寺路(今南京西路)39号,最后落户梅白格路(今新昌路)204号。医学书局的出版物以医学、国学、佛学三大类为主体,最初几年的出版发行业务交文明书局等经办。而这三大类书籍中,丁福保本人的著作皆占到最为重要的地位。因此医学书局也是丁福保除行医以外为其带来丰厚收益的副业。

丁福保将他从光绪三十四年(1908)开始编译的医学书,汇编成"丁氏医学丛书",30年间出版总数达80多种。内容涉及中西医各科、美容健康养生、辞典教科书等,这些著作也是他本人一生行医实践和医学理论的完整总结。丁福保的出版还涉及国学、佛学方面,国学类他编著有《全汉三国晋南北朝诗》《历代诗话续编》《清诗话》《圣宋九僧诗》《汉魏六朝名家集》《说文解字诂林》《说文解字诂林补遗》《六书正义》《文选类诂》等。丁福保还编著有《佛学初阶》《佛学指南》《六道轮回录》《佛经菁华录笺注》《阿弥陀经笺注》《观世音菩萨灵感录》《佛学大辞典》等数十种佛学著作。医学书局还出版了丁福保晚年编成的《古钱大辞典》和《历代古钱图说》,成为钱币收藏的常用工具书。医学书局还出版过道德类、尺牍类、书法碑帖等书籍，也经营各种佛像、挂图。

丁福保之子丁惠康是留德医学博士，子承父业，他既通医术，也善摄影、收藏，他也通过自家的医学书局出版过一批著作。20 世纪 30 年代后期，丁福保、丁惠康父子将大部分精力用于开办医疗机构，并参加大量的公益慈善社会活动，关注平民的健康教育，逐渐疏于出版业务。至上海解放前，医学书局的经营活动基本告停。1948 年，丁福保颇有预见地写成《畴隐居士自传》，以自己的书斋"诂林精舍"之名出版。上海解放后不久，他便结束了充满传奇的一生。

1908 年版丁福保著《医学指南》

1934 年医学书局《出版目录》

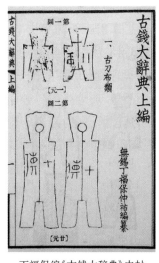

丁福保编《古钱大辞典》内封

中华图书馆（1910—1931）

中华图书馆清末民初时已在棋盘街（今河南中路）516号设发行所，编辑部设在交通路（今昭通路）通裕里内。宣统二年（1910）中华图书馆曾与上海书局联名发行过《饮冰室诗话》。1911年开始大量印行国学类书籍，既有翻印古籍，也编辑当代人文集。中华图书馆在1921年时办十周年庆，开业时间又有1912年一说。

中华图书馆的创办人叶九如（又叶明德），曾担任过点石斋石印书局、集成图书公司的发行经理，也长期担任上海书业商团和书业同业公会等组织的要职，是上海出版业的一位举足轻重的资深人士。

1913年，为满足迅速增长的业务需求，中华图书馆在北泥城桥西首（今新闸路）增设印刷所，聘请中外高级技师，集铅版、石版、锌版、铜版、照相版、电气版、凹凸版、玻璃版等各种印刷技术，承印书籍杂志报纸、钞票股票、文凭商标、日历地图等，同时经销印刷机、铜模铅字、纸张油墨等，是当时规模大、业务全的一家印刷企业。

中华图书馆由初期出版国学古籍转向成为鸳鸯蝴蝶派的重镇之一，与当时《申报》副刊"自由谈"主编、上海青浦人王钝根（1888—1951）直接相关。王钝根在1913年编辑的《自由杂志》和《游戏杂志》，都在中华图书馆发行。1914年6月，又由王钝根、孙剑秋编辑著名的《礼拜六》周刊，引发了文学史上所谓的"礼拜六派"，开民国初年通俗文学杂志之先河。该刊出100期后停刊，1921年再度复刊，由周瘦鹃、王钝根担任主编，再出版100期。

1915年，20岁的徐悲鸿初到上海，求职无门心灰意冷之时，经商务印书馆黄警顽介绍，为中华图书馆的《潭腿图说》画一组插图，得叶九如支付酬金三十大洋，这是他卖画的第一笔巨额收入，也由此开始了他辉煌的艺术人生。

中华图书馆重版了申报馆的《戏考》、璧园会社的《吴友如画宝》、点石斋的《点石斋画报》等经典艺术名著。叶九如在1925年以大华书局之名编印了

《三希堂画宝》，成为学习研究中国绘画艺术的一部重要工具书。

中华图书馆的出版物门类比较齐全，1921年中华图书馆成立十周年，此时出版的书籍除去通俗文艺方面外，还涉及各种古今名家笔记小说、经史子集、诗词、文集、生活实用、尺牍字典、法律判例、中西医学、武术、剧本、图画、地图、法帖、英德文译本等，达数百种之多。

1920年，中华图书馆股东兼总经理杨英初与他人合资经营，不久即与合作方发生严重经济纠纷，后又发生股东向公司追索投资款的事件，其后数年经营大不如前。1925年起，位于棋盘街的发行所开始与大中华印刷局合作，成为其印刷品的临时发行所。

1927年，将库存书籍大清仓甩卖。这一年，发行所还出让用作中医诊所。以后又发生将部分图书版权抵押给纸号以及拖欠房租的事件。1930年，将《四库全书总目》的版权出售给扫叶山房。1931年，发行所门市租让给科学仪器馆举行廉价销售活动。1932年，中华图书馆的所有版权对外出售，至此业务彻底停止。

1915年版《曝书亭诗词全集》

通俗文学期刊《礼拜六》

徐悲鸿插图版《潭腿图说》

国华书局/国华新记书局(1912—1947)

国华书局创办的年份是1912年,位于四马路昼锦里西首(今福州路山西路西侧)126—127号。创办人沈颂华(即沈鼎铭),又一说为沈东生。初期曾出版过几种由学者翻译的英文工具书和社会科学类书籍,但很快将出版方向转向通俗读物。时值中外通俗小说书籍流行于书市,书局召集了当时最具人气的一批小说作家,如徐枕亚、李定夷、吴双热、许指严、李涵秋、贡少芹、顾明道、姚民哀等,老出版人朱联保谓其为"鸳鸯蝴蝶派的大本营",实不为过。

1914年,徐枕亚、刘冷铁等人创办《小说丛报》,创刊号由国华书局发行,第二期便自办发行。第二年,国华书局便效仿《小说丛报》形式,由李定夷主编,创办了《小说新报》。《小说新报》从1915年到1923年间总共出版94期,书局自称该杂志是"杂志界唯一之精品,译述之士皆海内卓负盛名者";每期封面以珂罗版精印,书内插图多为名家书画真迹,是早期鸳鸯蝴蝶派杂志中出版时间较长,也较具影响力的一种。李定夷认为《小说新报》中的文章,"纵豆棚瓜架,小儿女闲话之资;实警示觉民,有心人寄情之作也"。道出了他们那一批鸳鸯蝴蝶派作家所想表达的自身社会价值。书局还出版过《消闲钟》《滑稽周刊》等文艺杂志。

此外,国华书局出版了大量的翻译或原创通俗小说,内容以社会类、言情类为主,很多书一再重版,市场供不应求。李定夷除主持书局的编译工作外,也是位高产作者,有大量的著译和编辑作品在书局出版,其中小说编为《定夷小说丛书》十册出版,其他还有《春闺人梦》《美人福》(四册)、《伉俪福》(四册)、《游戏文章》(二册)、《明清两代轶闻大观》《民国趣史》《僧道奇侠传》(二册)、《艳情尺牍》(二册)、《笑话奇观》(二册)、《白话情书》《女子交际尺牍》《甜言蜜语》等数十种。

国华书局还利用其五彩印刷的设备,出版画册以及大量印制美女画片、贺年片等搭配书籍销售,取得更好的营销效果。

1924年，国华书局出版一种《闺阁百美图》，将大家闺秀、时髦装束、花容月貌和娇美体态以照片形式呈现；另每位女子配以文字小传介绍，以"中国始创坊间第一出版物"之名发行。此后，由于新文化运动影响，加之受到大东书局、世界书局这些后起之秀的冲击，经营日趋疲乏。1925年，书局提早举办15周年促销活动时，已经充斥了多种标价低廉的旧小说和国学类读物，以此来推动销售。同年，书局主人因对外担保遭受经济上牵连。到1927年更是因销售淫秽书籍遭罚、货栈失火、书局主人投资开办银行失败等一连串不测，使得书局在1928年宣布盘让给他人。

《小说新报》共出版94期

出盘后改名为国华新记书局，发行人变为舒文中，地址迁移到麦家圈（今山东路）仁济医院对面普爱坊内。基本以重版李定夷等人的畅销出版物为主，新书仅1930年出版顾明道小说《蝶魂花影》以及1935年出版标点批注《纲鉴易知录》等少数几种。书局经营至1947年。

李定夷翻译小说《红粉劫》
1947年重版本

1939年版顾明道著《情波》

亚东图书馆（1913—1953）

安徽绩溪人汪孟邹1903年在芜湖办科学图书社，经常从上海采办洋货新书，到1913年，他干脆也在上海另办一家书店，那便是亚东图书馆。从1913年到1953年40年间，亚东图书馆从最初的四马路（今福州路）惠福里起家，此后在四马路、棋盘街（今河南中路）范围内搬迁数次，其中1919年落户五马路（今广东路）棋盘街西首处，直到1936年回到四马路昼锦里（今福州路山西中路口）；上海沦陷时期，在1939年迁到虞洽卿路（今西藏中路）475弄内。

亚东图书馆始终以家庭作坊的形式运作，大部分员工来自老家绩溪，并不像其他书局一样招募股份扩大经营。但亚东图书馆却依赖着胡晋接、胡适、陈独秀、高语罕、蒋光慈等安徽老乡们的鼎力相助，生意倒也顺风顺水，在出版业稳居一席之地。亚东图书馆最早出版的《中国四大交通图》和《中华民国地理新图》，即由汪孟邹的启蒙老师胡晋接编绘，并由其子胡翼谋安排在日本印刷，运回国内发售。这套地图据称是最早出版的中国分类地图。

这些老乡中，对亚东图书馆贡献最大的当数新文化运动领袖、大文豪胡适。胡适早在1910年即与汪孟邹结识。汪孟邹长胡适一辈，他的侄子汪原放则同胡适以兄弟相称。1925年底胡适到上海养病，在汪家一住五个多月，使他们关系更加密切。去台湾前，胡适还特地上门向汪孟邹、汪原放叔侄俩道别。胡适对亚东图书馆的关心数十年如一日，他不仅将自己多部著作交该馆出版，如《尝试集》《先秦名学史》《胡适文存》《胡适文选》《四十自述》《戴东原的哲学》《藏晖室劄记》等，还为亚东图书馆编校了《模范文选》《短篇小说》《科学与人生观》《神会和尚遗集》等诸多畅销书，其中《短篇小说》印了十五六次之多。亚东图书馆有一套标点重印的旧小说集，前后出版了《红楼梦》《水浒传》《儒林外史》《西游记》《三国演义》《老残游记》《官场现形记》《今古奇观》等15种，请胡适分别作长篇考证、评论、引论、序言等文章，成为民国期间充斥上海书市的大量所谓"一折八扣"的廉价标点旧书中鹤立鸡群的精品，成为书业中独树一帜的优良读物。胡适还在亚东图书馆经营失策遭遇困难时,出面让银行界的留美同学作担保为其贷款,帮助老乡可谓不遗余力。

早在1904年,陈独秀便与汪孟邹在芜湖合办《安徽白话报》。亚东图书馆开办至上海后,陈独秀更是对其经营出谋划策,俨然该馆的半个主人。陈独秀任职北京大学文科学长时,介绍亚东图书馆成为北京大学出版部在上海的分售处,引进许多代表先进思潮的书刊到馆出售,成为上海最早一批宣传新文化的书店之一。陈独秀在亚东出版了他的《独秀文存》《字义类例》《怎样使有钱者出钱有力者出力》等,他也同样为亚东版的多种标点旧小说作序和考证,有几种是他和胡适合作完成,实属珍贵之版本。五四运动前后的陈独秀靠教书、写作谋生,生活常常捉襟见肘,汪孟邹对他及其家人时常提供帮助,预支《独秀文存》的版税接济在上海读书的陈延年、陈乔年兄弟俩。陈独秀人生中多次落难,汪孟邹、汪原放叔侄两人始终不离不弃地对他进行救助。

高语罕编的《国文作法》《白话书信》两种,在亚东图书馆前后加起来印了几十次,十几万册,靠版税让他完成了在德国的留学生活。蒋光慈的《纪念碑》《少年漂泊者》《鸭绿江上》《爱的分野》等作品,皆出自亚东图书馆。陶行知在亚东图书馆出版有《知行书信》《中国教育改造》等。总之,文化界安徽老乡的全方位支持是亚东图书馆生存的最重要因素。

亚东图书馆于1950年8月加入上海通俗出版业联合书店(简称通联书店),1953年2月,因牵涉出版托派书籍而歇业。

北社编《新诗年选(一九一九年)》

1927年版蒋光慈、宋若瑜通信集《纪念碑》

胡适于1925年12月为《儿女英雄传》作长篇序言

泰东图书局（1914—1938）

泰东图书局创办人欧阳振声和谷钟秀是共同参与辛亥革命的战友，他们热衷于政治的同时，也意识到建立一家出版社对辅助实现远大理想的重要性。泰东图书局第一年编辑出版了一套"法政要览丛书"，以及谷钟秀所著的《中华民国开国史》，充分印证了其为国民党政学系服务的初衷。

由于同乡之缘，谷钟秀推荐赵南公进入泰东图书局辅佐出版业务。不料两年之内，掌管泰东图书局的谷钟秀和欧阳振声先后去北洋政府任职，留下赵南公一人独挑大梁。

赵南公1916年接手泰东图书局后，前几年只是出版一些政治、法律、时事之类的书籍。这一类书显然与当时的通俗文学书籍占山为王的出版业形势格格不入。1917年初，杨尘因的以时事为背景的长篇小说《新华春梦记》出版，彰显了赵南公在出版理念上所进行的变革，他在既往的选题和市场需求之间寻找一种过渡。接下来赵南公通过招募编辑人才和改进出版物内容来打造适应市场的泰东图书局，使泰东图书局逐渐发展成为新文化运动开启后上海出版业涌现出来的新书局中的领头羊。

从泰东图书局日后走出的一批出版人来看，赵南公确实招募和培养了许多出版人才。其中最突出的当数张静庐，他1919年到书局当编辑时年方二十出头，1924年他与同事沈松泉离开泰东创办光华书局，以后又办现代书局、上海杂志公司，新中国成立后从事出版史研究，成为一位杰出的出版人。此外，离开泰东图书局的人员中，张一渠创办了儿童书局，方东亮创办了群众图书公司，黄济惠创办了梁溪图书馆，邹企鲁开设了国际书报公司。泰东图书局频繁的人员流失，从另一面也折射出赵南公在管理上的松懈，他的许多不拘小节的做法为尔后泰东图书局的迅速没落埋下隐患。

1920年，泰东图书局编辑王无为将毛泽东的四篇文章收入《湖南自治运动史》。1921年8月11日，参加完中共"一大"的毛泽东到泰东图书局拜访，一番晤谈后，给赵南公留下了"湘人真勇于运动"的印象。

与创造社成员的邂逅，是推动泰东图书局从众多出版社中脱颖而出的又一次机遇。1921 年，郭沫若颇具戏剧性的到来，开启了创造社在泰东图书局落户并施展拳脚的大幕。从《创造》季刊的出版，到"创造社丛书"的热销，使得泰东图书局迅速成为出版新文学书籍的行业先锋。可以说泰东图书局是创造社诞生成长的摇篮，而创造社成员创作的优秀作品也极大提升了泰东图书局的实力，两者合力在沪上出版界刮起一股新文学旋风。郭沫若的《女神》《少年维特之烦恼》，郁达夫的《沉沦》、闻一多的《红烛》、张资平的《冲积期化石》、倪贻德的《玄武湖之秋》等一批杰作相继问世，令文坛瞩目。泰东图书局趁热打铁，相继出版"创造社科学丛书""创造社新智丛书""创造社世界名家小说集""创造社世界少年文学选集""辛夷小丛书"等系列，创作团队进一步壮大，出版物内容不断完善。

作家曹聚仁将章太炎在上海的国学演讲记录补充，编成《国学概论》一书，1922 年出版，此书成为当时大学文科教材，曹聚仁由此成为章太炎的入门弟子。

相对于从事出版经营，赵南公有着为民众服务的侠义情怀，似乎更热心投身各种社会活动。1926 年，创造社正式脱离泰东图书局自办发行。而此时的新书业也由于竞争激烈和市场热情衰退而逐渐趋于平稳。泰东图书局的骨干人员相继离开，有的直接成为书业中的竞争对手。国民党政府数次的图书查禁处罚，也对泰东图书局造成伤害。

赵南公虽然通过出版"狂飙丛书"和成立读书合作部等手段尽力维持经营，但步入 20 世纪 30 年代的泰东图书局已尽显疲态。赵南公不得不在 1932 年和 1935 年分批将版权租让给大中书局和大新书局。1937 年时，泰东图书局更是落魄到以出租房屋为生。1938 年赵南公病逝。

谷钟秀著《中华民国开国史》

1923 年 5 月创刊的《创造周报》

"创造社丛书"之郭沫若诗集《星空》

艺苑真赏社(1915—1956)

江苏无锡人秦文锦,乃北宋文学大家秦观之后,其祖父秦祖永亦是清代名画家和篆刻家。秦氏自幼继承家传,潜心鉴赏研究祖传之历代金石书画。秦文锦取斋名"古鉴阁",日积月累,收藏甚丰。他又曾随驻日使节出访过日本,认真学习日本的先进印刷技术及装帧风格。

秦文锦1915年在三马路(今汉口路)新闻报馆对面开办艺苑真赏社,当年出版书画名家作品集《艺苑真赏集》第一集,以后出至第十期。

艺苑真赏社出版的另一种重要作品是《碑联集拓》系列。秦文锦精选古鉴阁所藏的各种字体的古代拓本,集为联语,又请多位名画家绘图相配,用当时流行的珂罗版技术,配以上等宣纸精印。《碑联集拓》1916年开始出版,每册大洋二元,第一辑四册价八元,虽然价格昂贵,但市场反响热烈,广受文人藏家好评,甚至行销海外。以后《碑联集拓》陆续印出,计数十种之多。

艺苑真赏社还广征各大藏家的珍品,印制了大量金石书画册。除上述外,还有《彝联集拓》《联拓大观》《籀范》《隶范》《美术名画》等系列出版物以及数以百计的碑帖画册。艺苑真赏社成为民国时期规模最大的专门印制珂罗版图册的出版社。

秦清曾藏《古鉴阁校碑图第一集》

《恽南田墨华册》收恽南田花木鱼鸟作品

艺苑真赏社后期由秦文锦子秦清曾主持经营,父子两人均善书画,秦清曾还将自己所画的"诸家题古鉴阁校碑图"集结成册逐辑出版。

艺苑真赏社营业至1956年并入上海图书公司。

出版的大量书法碑帖

广仓学宭(1916—1934)

广仓学宭是上海富商哈同夫妇开办的出版机构。地点就设在他们位于静安寺路(今南京西路)的私家花园爱俪园内。广仓学宭的出版业务都由总管家姬觉弥负责。在广仓学宭之前,爱俪园内先办有一所仓圣明智大学,邀请到包括王国维在内的一批学者担任教职,因此广仓学宭初期的出版物如"学术丛编""艺术丛编"等上面也同时印有仓圣明智大学的字样。

广仓学宭出版的书籍,主要以汉字学、国学、金石书画、宗教等为主题。比较重要的有"学术丛编""艺术丛编"(此两种又称"广仓学宭丛书"甲类、乙类)、《大藏经》《古兰经》等。

学者王国维经罗振玉和邹安介绍,从1916年到1923年在哈同花园内整整生活了七年,他不仅进行了大量学术研究,主编了"学术丛编",还担任仓圣明智大学的经学教授,他的讲稿后来编成《经学概论》交商务印书馆出版。

王国维主编的"学术丛编""宗旨专在研究古代经籍奥义及礼制本末、文字源流,以期明上古之文化,解经典之奥义,发扬古学,沾溉艺林"。丛编收录著述49种83卷,内容涉及经、史、文字等方面。其中经学8种、史学15种、文字学23种、其他3种。此丛编在学术界具有很高的研究价值和文献价值。王国维在担任编辑的同时,也将自己最新的研究成果刊发于上,在总共出版的24册"学术丛编"内,他发表了《流沙坠简考释补正》《史籀篇疏证》《乐诗考略》《毛公鼎铭考释》《魏石经考》《汉魏博士考》《尔雅草木虫鱼鸟兽释例》《太史公系年考略》《殷卜辞中所见先公先王考》《今本竹书纪年疏证》《唐韵别考》《殷周制度论》《两周金石文韵读》《韵学余说》《永观堂海内外杂文》等,多达23篇。罗振玉也是"学术丛编"的重要作者,他的著作《敦煌古写本诸经校勘记》《仓颉篇残简考释》《唐折冲府考补》也收录其中。

1916年5月出版的"艺术丛编",由王国维的海宁老乡邹安(寿祺)主编,隔月出版,到1920年共出17卷。其中收录大量金石文献的图片资料,如《殷墟古器物图录》《戬寿堂所藏殷墟文字》《殷文存》《周金文存》《古明器图录》等。

哈同夫妇财力雄厚，广仓学宭不仅广延各路专家学者，而且出版书籍皆版本阔达、印制优良，内容亦精妙，数量也不多，常被收入有文玩藏书雅好的社会名流的书斋中。姬觉弥本人亦喜舞文弄墨，附庸风雅，他也出版了个人的书法作品集《玄珠笔陈》，展示了他以各种不同器物所作的书法作品。

广仓学宭的出版物大部分在1916—1920年间，其后只印了《殿版康熙字典》《大藏经》《古兰经》等少数几部大部头作品。其中《大藏经》是一部四箱424册的巨制。而一套八册的《古兰经》则是哈同夫妇和姬觉弥聘请多位宗教和语言专家合作翻译，并请名人岑春煊、郑沅作序跋，历时三年完成的首部30卷足本的汉译本。这两部经书由于版本优质、印制精美，如今仍是佛教和伊斯兰教的传世经典。

1923年，为祝贺哈同、罗迦陵夫妇130岁合寿，姬觉弥编辑出版《戬寿堂百卅合庆寿言》一函八册，刊哈同夫妇照片及爱俪园内外景致，以及包括溥仪、冯煦、沈曾植、徐乃昌、周梦坡、刘承干、吴昌硕、蒋汝藻等各界名流的题词赠画、诗词对联等。

广仓学宭著书图

广仓学宭所出书刊除自办发行外，也委托蟫隐庐、千顷堂等书局代为销售。1931年哈同去世后，爱俪园便日渐衰败，不久广仓学宭便不复存在了。

姬觉弥书法集《玄珠笔陈》

《戬寿堂百卅合庆寿言》

大东书局(1916—1954)

1916年,吕子泉、王幼堂、沈骏声、王均卿四人集资创办大东书局,编辑部设在宁波路247号(浙江路西侧)里两间狭小的房间内。1918年,大东书局出版第一批书籍,同时在四马路昼锦里(今福州路山西路)东侧开设发行所,依靠创办人齐心协力的团队合作,终于在几年后募得社会资金,成立股份制公司。

其后大东书局的业务迅猛发展,他们盘下了原商务印书馆在福建北路的印刷厂扩展营业,1930年把发行所搬入了福州路山东路口的原时报馆的塔楼里。在《申报》出版的《大东书局迁址开幕特刊》上,蔡元培、蒋梦麟等人都发表了有关教育的长篇文章。

1931年大东书局成立十五周年,此时书局的规模和业绩仅次于商务、中华和世界三家,遥遥领先于其他各家书商。

1931年出版的《大东书局十五周年纪念册》,开篇是数十位各界名人的题词祝贺,位列最前的是当时的国民政府主席蒋中正,紧接的是陆海空副司令员张学良及政府各部部长胡汉民、王宠惠、于右任、蔡元培、孔祥熙、宋子文、王伯群、马君武、蒋梦麟等,再后是沪上中国公学、复旦、沪江、同济、交通、持志、大夏等各大学校长,而时任中央研究院秘书的林语堂只能排在了名单的末位。

大东书局各种业务齐头并进,公司整体运作良好。

一、出版方面

1931年时书局已经累计出版书籍近1400种。不仅出版了初中教科书,又陆续出版了高中教科书、小学教科书和大学教科书,从而做到了书业最为至关重要的教科书业务全覆盖。1933年,书局出版书籍达四百种,与排名其前的三大书局同样达到了"日出一书"的出版巅峰。而整个民国期间,大东书局的出版物数量当在3000种以上。

另外，书局一向重视期刊出版市场，早期请包天笑编《游戏世界》和周瘦鹃编《半月》《紫罗兰》等畅销一时的通俗文艺刊物。进入20世纪30年代，陆续出版《现代学生》《学生文艺丛刊》《科学月刊》《社会科学》《新家庭》《戏剧月刊》《法学杂志》等遍及各领域的杂志，成绩显赫。其中《现代学生》"订户达四万以上，开中国杂志界之新记录"。

二、发行方面

随着公司业务发展，大东书局将发行所搬迁至当时福州路上的标志性建筑——原时报馆宝塔式大楼内。全国各大省会城市的自办或特约的数十家分局也陆续建成，"同行往来，共达两千余家。销货机关，遍布二十八行省，远至日本南洋。以及欧美各国，均有经销处所，诚无远而不届也"。

三、印刷方面

书局的印刷所达三处，原商务印书馆位于北福建路2号的厂址后成为书局的总厂所在地。印刷所的业务部门有铸字、排版、铅印、照相制版、雕刻、电镀、凹版印刷、凹凸版整理、彩色画石、彩色制版、胶版、石印、珂罗版、木工、装订15个部门。

书局对凸版、凹版和平版三大门类的印刷技术"无不精心研究，采取最新方法印刷技术出品，均足与外国抗衡"。尤其是在印刷政府印花税、银行钞票等有价证券的凹版业务上，"为数甚多，交相称誉，信用卓著"。

四、附属机构

大东书局还办有两家知名的附属机构。

其一为1925年成立的东方舆地学社，出版各种地图及地理类书籍，其中《最新中华形势一览图》《最新世界形势一览图》，"年必重版十余次，可销行十万册以上"。

另一家是成立于1931年的法律函授学社，请来20多位法学名家，除开设多种法律函授课程外，还出版大量法学专著丛书，成为书局出版物之一大特色。

大东书局经营上的成功，全靠管理团队长期的精诚合作和锲而不舍。正如周瘦鹃在庆祝会发言中提到，书局如同"瓷盆里的小小的松树，根基很小，

《大东书局十五周年纪念册》

而材却可造,仗着吕子泉、沈骏声、王幼堂三位先生经之营之,一年年地发扬广大起来,……不知费了多少血汗,多少努力,才有现在这样的伟大的成就,成为栋梁之材"。

1943年,主持公司管理长达20余年的董事总经理沈骏声因积劳成疾在重庆病逝。此后大东书局由杜月笙、陶百川等接办,他们利用在商界和政界的丰富资源,使得书局业务得以持续顺利地发展壮大。1949年上海解放以后,书局被军事管制,官股部分被没收。1956年,书局被分拆至上海科学技术出版社、新华书店和大东印刷厂。而当年年底,大东印刷厂奉命内迁广西,在南宁组建广西民族印刷厂。至此大东书局退出历史舞台。

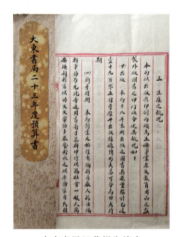

大东书局经营报告稿本

"世界经济丛书"之《世界交通状况》

中华新教育社（1916—1941）

在民国时期的出版人里面，沈仲方是干得比较轻松的一位。他办中华新教育社二十几年，自始至终都是在他的长兄沈知方的庇护之下，顺风顺水，并不费力。而对于沈知方来说，中华新教育社或许是他庞大的商业王国中的一个小小的后花园。

沈仲方办出版不必担心稿源，也不用监管印刷质量、开拓发行渠道，这些他的长兄都会为他安排妥当。他最大的任务是管理家族先祖留下的鸣野山房字画藏书，以及为两位兄长打理收藏古籍字画的事务。

中华新教育社最早在1916年出版了一本讲述刘伯温智慧的《百战奇略》，版权页上显示的发行方和经售方分别是文明书局和中华书局，那时正值沈知方掌管这两家书局的业务。到1918年，中华新教育社的第二本书《生利指南》出版时，沈知方已经脱离中华书局，自创世界书局了。此后，中华新教育社的书籍发行基本上都由世界书局和大东书局两家包办。由于中华新教育社并不设发行所，因此该社出版物上公布的地址，基本上都是沈仲方的居住地。

但中华新教育社的出版物依然有可圈可点之处，这些出版物可谓走在雅俗两端。1918年出版的《生利指南》，是一部完整的指导民众制造各类日用品，提倡推广国货的工具书，这部书无数次再版，从出版社开张卖到关门，我们不得不佩服沈知方浸淫书业几十年所练就的敏锐的商业眼光。

中华新教育社出版的几十种通俗类出版物，大部分跟老百姓的日常生活密切相关。有《家庭万宝新书》《致富秘诀》《青年立业指南》，有《百花栽培秘诀》《果树栽培全书》《食品烹制全书》《西餐烹制全书》，有《万病治疗指南》《丸散膏丹自制法》《本草图解》，也有《学诗秘诀》《演讲学》《情书作法》《山水人物花鸟画诀》，等等。总而言之，能满足一个普通百姓从衣食住行到精神文化的基本需求。所以这一类书不会受到太大市场波动，卖完再印，常销不衰。

中华新教育社也出版非常高端的珂罗版名人字画类书籍。其中最重要的一套是将山阴沈氏家族自清朝乾嘉年代流传下来的一批字画,编印成《中华名人书画大观》一套六册,用八开铜版纸印制,版本宽大,图案精美,堪为珍品。

1918年版《生利指南》

从发布的书目中看,中华新教育社出品的名人书画系列还有《中华名人扇面大观》十二集、《中华名人墨妙》四集、《中华名人书画合卷》四集,另外还有《恽南田山水真迹册》《奚铁生山水真迹册》《沈澹园山水竹石册》《周静香写生逸品册》《冷谦仿古仕女真迹册》《李僧筏绘明季六君子图册》《堵绮斋女史绘花鸟真迹册》《十二名家花鸟集册》《西泠三名家画册》《董邦达山水真迹册》《蒋芎湖费余伯绘八美图》等,上述目录中大部分如今已难得一见。

1918年底,上海报纸有新闻报道,中华职业教育社、江苏省教育会、北京大学、南京高等师范学校、暨南学校等五家教育机构联合成立中华新教育社编印书刊,该会选举蒋梦麟担任会长,并公布今后三年的具体出版计划。所幸这家机构此后再没有任何举动,不然这两家同名出版机构难免发生冲突。

1939年,沈知方病逝,中华新教育社随后也停业了营业。以后一两年时间内,该社举行过数次名人字画展览和销售,沈氏鸣野山房和沈知方粹芬阁两部分藏品也逐渐散轶民间。

古越鸣野山房珍藏《中华名人书画大观》

彭兆良译莎士比亚著《第十二夜》

世界书局(1917—1954)

绍兴人沈知方(1882—1939)创办世界书局时正值不惑之年,却已从事书业长达20多年。他青年时期协助商务印书馆创始人夏瑞芳开拓市场,功绩赫赫;随后他又联合馆内同事陆费逵等人创办中华书局,并作为唯一的副局长主持营销业务,网点遍布全国,业务蒸蒸日上。

沈知方于1917年离开中华书局,开始筹备建立由他个人统领的出版王国世界书局。刚开始几年以"广文书局"名义出版一些以"言情、黑幕、奇书"等标题吸引民众的通俗读物,借助报纸广告和廉价促销的经营手段打开了市场。1921年沈知方得到几位商界伙伴的资助,正式成立了股份制的世界书局。在四马路(今福州路)怀远里口开办了知名的世界书局发行所"红屋"。

世界书局要与早已在出版界立稳脚跟的商务印书馆和中华书局争夺市场,显然绝非易事。但沈知方是个胆魄恢弘、精力充沛、有着无数奇思妙想的商业奇才。他先推出《快活》《红杂志》《红玫瑰》《侦探世界》等几种通俗文学期刊,请出沪上众多大牌鸳鸯蝴蝶派作家为其撰稿,这些杂志迅速成为发行量惊人的畅销读物。随后他又不惜重金打通教育部门和学校渠道,进军教科书市场,世界书局的教科书迅速打破了商务印书馆和中华书局两家的垄断,有些地区的市场份额甚至超出了商务和中华。两家不得不商量联手对付世界书局的竞争,但结果却是无功而返。

世界书局通过通俗读物和教科书立足于书业之后,马上在出版物上进行升级转型。在文艺、国学、社科、医学等各个领域推出既价廉物美,又富有知识性和学术性的大批丛书。如1928年开始出版的"ABC丛书",是一套包罗万象的现代大型百科丛书,针对中学以上程度的读者,把各种学术以通俗化的方式推向民众,并激发广大青年学子的兴趣感和求知欲,得到知识界、出版界的广泛欢迎和高度评价。这套丛书的出版热销也促使商务印书馆随后出版了规模更大的"万有文库"。世界书局从1934年起出版的"国学名著丛刊",洋洋一百数十多种，选取各种经典古籍善本，并请多位国学名家做注释和介绍，用标准仿宋体大字排印，装帧使用了西方精装书的形式，简洁大方，便于阅读携带和保管，可谓出版国学书籍的一种创新。

当今的读者或许并不知道，连环画的始作俑者居然也是世界书局。1927年10月，世界书局推出第一套《连环图画三国志》，初版一万部即刻售罄，马上加印三万部。随后两年又出版《水浒传》《岳传》《封神榜》《西游记》。于是乎这种图书样式被多家小书局采用并印刷出版，一时间街头巷尾出现五花八门的粗制滥造的"小人书"，而此后世界书局便不再涉足这一领域。

世界书局在商业上取得成功并非完全依赖于图书出版。早在1925年，书局便在沪东大连湾路（今大连路）上购地13亩多并建成一间现代化的大型印刷厂，引进国外最新的印刷设备，其承接的各类印刷业务远超图书发行带来的收益。在位于福州路的发行所里，辟有专门柜台销售各类文教体育用品，尤其着重开展代理销售国外名牌钢笔、打字机、教学仪器等业务。沈知方把书局逐年积累起来的资金，大量投资房地产，在市内多处购置房产，较为知名的如福州路、山西南路处的新式里弄住宅世界里。世界书局还成立读者储蓄部来吸纳民间资金，并由此逐渐发展到正式成立了世界商业储蓄银行。一家出版社能开办商业银行，这在中国商业史上可算是空前绝后的奇闻了。沪上知名小报《晶报》在报道沈知方与同业巨头竞争的事迹时，称其为"书业敢死队长"。为了争得张恨水小说的版权，沈知方曾一掷四千大洋预付稿费，这样的大手笔在当时简直令人咋舌。

1932年11月14日，世界书局在福州路上的发行所从原址西迁，搬到新落成的福州路140号新大楼里（今外文书店），这座当时福州路上的最豪华的钢筋水泥建筑，是世界书局购入原青莲阁茶楼七开间门面的地皮，利用银行贷款建成。开张当天，只见面南的三大间门面一字排开，中间是宽大明亮的世界书局店堂，两边分别是世界教育用品商店和世界商业储蓄银行。过往行人，无不驻足观望，赞叹不已。

1934年以后，世界书局资金周转开始陷入困境，而沈知方也因健康原因淡出经营管理。国民党元老李石曾、张静江等趁机出资入主书局。但未及全面开展经营，即遭遇抗日战争爆发。战争期间，世界书局大连路总部被日军占领征用，设施遭到破坏，数百万册图书被运往日本。福州路发行所在租界沦陷后也曾遭人投弹破坏。自此书局业务一蹶不振。抗战结束后，李石曾等一度重振旗鼓,由于解放战争之势态,李石曾、张静江等主事者们选择随国民党东渡台湾,而留下这个破败的摊子。

新中国成立后,由于世界书局有国民党官僚资本的背景,其资产由政府接收处置,大连路印刷厂后来改组成新华印刷厂。直到1957年财产清理完毕,这家曾与商务印书馆、中华书局鼎立中国出版业的书局便悄然退场。

世界书局位于大连湾路(今大连路)的总厂

"ABC丛书"宣传单

杨家骆世界书局股票

太平洋书店(1919—1935)

太平洋书店即1919年开业的太平洋印刷公司,位于牯岭路和白克路(今凤阳路)之间的白河路上。公司初期承接印刷业务,也为一些出版社排印书籍。经理人是湖南人张秉文,此君也热衷出版,1924年曾自编《太平洋午报》,每日一期,内容注重平民常识。同年,他们还编印出版了一份提倡国货、振兴实业的《实业之中国》月刊。

1925年孙中山逝世后,有关纪念书籍一时热销市场。太平洋书店也立即取得《中山丛书》的出版权,并在1926年5月发行,成为同行中较早销售此书的一家,也从此正式开启了太平洋书店的出版业务。这套《中山丛书》近百万字四厚册,内容包括遗像、遗墨、遗嘱、传略、主义、方略、演讲、学说、宣言、书牍、杂著、附录等各类。北伐胜利后,他们还曾出版《蒋介石的革命工作》一书。

太平洋书店出版偏重历史、社会、政治、经济、法律等方面。还利用印刷优势大量印制孙中山、蒋介石、宋庆龄、汪精卫等名人的相片以及各地风景册等。

太平洋书店发行比较成功的是他们编辑的一批提供给中等以上学校作为教本或者给学者用作参考书的中外历史方面的书籍。其中《最近三十年中国史》系列包括政治史、教育史、文学史、外交史、军事史等;此外还有《中山出世后中国六十年大事记》《帝国主义压迫中国史》《中国最近百年史》《新编民国史》《中国学校课程沿革史》《最近十年的欧洲》《西洋文化史》《欧美日本的政党》《土耳其经济现状》《诗经语译》等。

太平洋书店也把目光投向国际问题研究,关于苏俄题材的书有《俄罗斯的革命经过》《苏俄政治之现况》《苏俄的东方政策》《苏俄的经济组织》《苏俄的农民生活》等十多种。其他还有《工业文明之将来》《印度史纲》《世界无产政党发达史》《世界弱小民族问题》《国际劳动运动之现势》《马尔莎斯人口论》《世界资本主义经济现势》《世界农民运动之现势》等。

书店还曾经打算出版一套"现代百科文献",可惜只印出了十几种样本便戛然而止了。

太平洋书店出版物因内容平平,并无多大特色,市场反响一般。而且在发行上口碑并不好,当时有业内人士曾针砭其擅自打破新书业同业会的价格规定,打折出售新书的行为。1935年以后,便不见该店有任何新书出版,经营又回到了印刷业务上面。1937年7月,东方图书杂志公司和启智书局举行了打折促销活动,推出太平洋书店库存书100多种。1938年,太平洋印刷所曾遭人投掷手榴弹发生爆炸,幸未伤人,据传是该所承印日伪政府警察局户口调查表而遭外界不满所致。

《中山丛书》

胡庆育译《苏俄政治之现况》

"现代百科文献"之《中国民食问题》

新民图书馆/新民图书馆兄弟公司(1919—1937)

中华民国成立之际,也是上海出版业呈现无序的繁荣之时,市场上充斥着粗制滥造、误人子弟的劣质书。因为对戏剧电影有共同爱好而聚在一起的郑鹧鸪、周剑云、郑正秋等见此情形,在愤怒之余决定成立一家出版社来遏制不良书商,振兴图书业。于是他们招募一批股东投资,由郑鹧鸪任总经理,周剑云任总编辑,于1919年5月正式成立新民图书馆,馆址设于麦家圈交通路(今昭通路)98号。

新民图书馆对出版抱定四项宗旨:书重载道,图取觉民,文章游戏必轨与正,记录见闻必寓劝惩。新民图书馆的创业团队打算轰轰烈烈地开展他们的出版事业。在开幕当天,他们公布了详细的出版规划,隆重推出一批高质量的作品。他们宣布:"本馆延请当代名流编辑经史子集暨各种小说笔记,精刊发售,文情并美,有益身心。矫时下海盗导淫之弊,本挽救颓风之心以立言,不敢作投时祸世之谬举。"并对出版物的内容、印刷、装帧、定价等各方面做了详细介绍。

首批印行的书籍有蒋梅笙的《庄子浅训》、王次回的《疑云集》、李涵秋小说《战地莺花录》、叶楚伧的《小凤杂著》、刘炯公小说《燃黎奇彩录》、李东野的《孤鸿影弹词》;另外还有陆澹安所编《历代名人小简类编》一套四册,以及他所翻译的已被拍成电影的小说《毒手》。

他们预告的出版物名单里,有杨尘因、姚民哀、刘豁公等人创作的小说,有朱鸳雏、施济群的翻译小说,还有郑正秋的《药风说部》、周剑云编《社会面面观》、杨庆五编《大鼓书词汇编》等。同年周剑云还编《商业实用全书》出版。

新民图书馆的新书立即受到民众的欢迎,销售业绩喜人。他们还利用在影戏方面的资源,通过演出与图书推广相结合。李涵秋的爱国小说《战地莺花录》很快被排成戏剧,郑正秋反串其中林夫人一角,一度引发社会热评。《孤鸿影弹词》也在剧场内频频上演。

开业不久他们曾遭遇麻烦,店里销售的《章宗祥小史》遭到公共租界巡捕房立案稽查,称其中有"提倡反对中华民国政府及妨碍治安"之意图,后经郑鹧鸪出面据理力争,最后该案被撤销。

由于新民图书馆经营情况非常良好,第二年准时为股东发放利息和红利。在此后三年多时间里,新民图书馆继续出版文艺、国学、影戏等各类书籍,周剑云还创办一份以妇女解放为主题的《解放画报》,创中国妇女报刊史之先。

1923年初,由于要全力应付明星电影公司的业务,郑鹧鸪、周剑云等决定将新民图书馆出让,由朱耐吾、舒文中全部接收新民图书馆的版权、股份、存书及一切财产,更名为新民图书馆兄弟公司继续经营。朱、舒两人接盘后,除了编印《赛马指南》和少数几部书籍外,还开展过徽章设计制作业务,但大部分时间还是靠重印老版书发售。明星公司曾出版周剑云主编的《明星特刊》,也曾交他们经售过,如此维持了十几年直到抗战全面爆发。

叶楚伧著《小凤杂著》

李涵秋著《战地莺花录》

但杜宇封面画《解放画报》

《血井》封面

大中华书局/三星书局(1919—1949)

江苏南通人崔鼎铭、崔俊夫兄弟在上海经营出版事业几十年,经办书局多家,但如今却鲜有人提及。两人的书业生涯里,大中华书局和三星书局两家留有较多的资料。

崔俊夫所经营的大中华书局,自称开办于1919年。但其早年的经营状况尚未查明,1929年大中华书局在民国路旧仓街15号扩充营业。以后搬过两次家,先后在牯岭路毓麟里和凤阳路同春坊内。20世纪30年代出版图书数量不少,据其自称达一千余种,但总体质量一般。崔俊夫本人编纂过许多种书籍,比较突出的有1931年出版的《全国学校国文成绩汇编》,请王伯群和叶楚伧题字,分精装和平装两种版本发售。类似的教辅书籍还有一套"投考必备",包括《法学问答》《社会学问答》《博物学问答》《中国历史问答》《中国文学问答》等。抗战爆发后书局出版物骤减,书局主要靠推销廉价书、出售钢笔文具等维持经营。1939年出版长篇奇情小说《文素臣》,1949年出版《日用交际手册》等。

崔鼎铭负责的三星书局,开办时间是1924年左右。三星书局的出版规模不如大中华书局,除《福尔摩斯新探案大全集》《人生万事经验大全》《镜中人影》等略有销路外,大多靠售卖一些低折扣廉价书维持经营。该书局最成功的生意是取得顾明道的长篇小说《荒江女侠》版权后,出版一系列单行本,因这套书大卖,遭各地书商盗印情况严重,崔鼎铭不得不多次请律师多次登报悬赏缉拿翻印者。1933年,三星书局从老城厢九亩地迁往麦家圈普爱坊内,命名此处为"金屋",并在二楼开设上海市书业联合大市场,招揽多家中小出版机

崔俊夫编《全国学校国文成绩汇编》(大中华书局)

构联合售卖。

崔氏兄弟在业内的出版事迹乏善可陈,却有几次负面新闻被曝光。1932年,大中华书局的一个学徒竟然私刻大中书局的印章,在外骗收该局的账款,事情败露后,大中华书局即开除此员工并向大中书局还款致歉。

1933年,崔鼎铭因在三星书局同址上挂出"新儿童书局"的招牌而遭到儿童书局的控告。1935年,崔鼎铭因拖欠巨额租金被法院判决将《荒江女侠》以及张恨水所著武侠小说《铁血情丝》等版权扣做抵押。不久三星书局关闭。

崔氏兄弟两人曾在1935年6月联合林仲良等人集资组建国际书局,制定了一个庞大的出版计划,计划第一批印书五百种后,再举办开幕仪式,其后该计划胎死腹中,未见任何动静。

张个侬小说《情海新潮》(大中华书局)

李涵秋小说《镜中人影》(三星书局)

大陆图书公司(1920—1926)

据老出版人朱联保回忆,大陆图书公司是宁波镇海人贺润生在担任世界书局营业主任期间兼营的一家出版社。大陆图书公司开办时在牯岭路115号,第二年迁往白克路(凤阳路)九如里,1923年初在福州路昼锦里口设第二发行所。

中外书局是大陆图书公司同时使用的另一个名称。

大陆图书公司在1920年初推出首部《实用商人万宝全书》,请蔡元培、袁希涛题词助阵,洋洋六大册,是具备"高人之模范、谋生之捷径、经营之指南、致富之锦囊"作用的实用工具书。此后出版大量适合平民阅读的通俗读物,诸如《实用谋生全书》《寿世全书》《华佗神医秘传》等。1921年出版《中华全国名胜古迹大观》,全套六册文字加一册图集,搜罗各地名胜,配以多种图片,系较早出版的较为全面的中华名胜指南。以后又出版续集一套。大陆图书公司推出了多种写作工具书,如《古今名联大观》《各界尺牍渊海》《实用成语大辞典》《新诗韵》《国语学生新字典》《写信研究法》等。1922年出版过一种侠义小说《荒岛剑影》,畅销一时。国学方面,出版过《艺舟双楫》《刘向说苑》《秋水轩尺牍》等。

贺润生还与张巨青等组文人社团黎青社。1924年请王钝根主编、沈禹钟协助,创办文艺旬刊《社会之花》。王钝根为上海青浦人,早年在《申报》办"自由谈"副刊。脱离《申报》后办过《游戏杂志》《自由杂志》《礼拜六》等,被称为"中国周刊之鼻祖"。1923年《礼拜六》停刊不久,贺润生、张巨青请王钝根主持、沈禹钟协助办《社会之花》,该刊发刊词称:"本旬刊自比于花,将使社会得此而愉快而鲜美也。""搜纪社会新闻,彰善瘅恶。亦所以吸社会之炭气而输以养气也。将见识字者人置一编,珍为养生却患之要品。"

1926年夏天,在推出姜映清女士百万字小说《风流罪人》以后,大陆图书公司将库存书籍按价格高低分类举办了几次廉价促销,此后便逐渐消失于出版界。

大陆图书公司标识之一

大陆图书公司标识之二

《中华全国名胜古迹大观》

《社会之花》创刊号

公民书局(1920—1923)

虽然公民书局在民国出版业中只是昙花一现,但其经营过程却是颇可一提的。

首先需要探究的是王云五与公民书局的关系。王云五并非公民书局的创办人,他甚至连股东都不是,只是参与了公民书局的编译工作。公民书局的12个发起人名单中,王云五排名仅次于蒋百器和褚辅成列第三位,后面是邀请他加入的中国公学学生赵汉卿。可见正式组建的公民书局中,主持编译工作的王云五是据于非常重要之地位的。不巧的是,当王云五正在为公民书局开创局面之时,他却经胡适介绍,收到了商务印书馆的邀请。王云五从1921年中秋节后进入商务编译所,到11月份正式确定他编译所长的位置这段时间,恰好与公民书局从筹备完毕到隆重开张的时间相重叠,由此可知其时王云五一定是奔波于两者之间。而公民书局第一批书出版以后随即发生财务管理上的问题,1922年底又对外招聘经理,但不久便宣布关闭。这些情况的发生应当与王云五出乎意料地离开后,书局经营面临困难是有关联的。

公民书局发起时所制定的蓝图非常壮观。发起人除了上述四人外,还有曹慕管、卢观球、王正廷、徐元诰、汪希、胡鸣皋、金溶熙、王天木。这些在政界、学界、商界都颇具号召力的社会名流很快就募集到了十万元的股本,这在当时是非常巨大的一笔资金,就连商务印书馆、中华书局正式招股时经营规模也不过如此。因此公民书局在短短几个月内完成了所有准备工作:

在新重庆路庆余里3弄35号成立总管理处、印刷所和编译部;

组织编印书籍,招聘、培训员工;

从美国订购印刷设备;

在棋盘街66号租下地块翻建发行所新屋。

公民书局于1921年10月正式开张营业。开业后的发行所销售业务分成四类,第一类世界各大国原版西书;第二类自己出版的图书,包含"公民丛书"

"工商丛书""外国语丛书""英文名著丛书""少儿英文丛书""修养丛书""常识丛书""算学丛书""科学社丛书"及各种辞典字典;第三类仪器文具;第四类教育用具玩具。

其中书局的出版计划也有相当细致的规划,第一批出版的书籍中即包含"公民丛书""常识丛书""文艺丛书""工商丛书""外国语丛书""家庭医学丛书"等多种系列。而由王云五主编的"公民丛书"内又分教育类、科学类、哲学类、经济类、国际类、社会类等。由于这批书籍的集中问世,使得公民书局在1921年到1922年间的出版界引起过一阵骚动。

书局标识

公民书局最后由商务印书馆接盘的说法并无确凿证据,而王云五本人似乎也无理由从其中得到利益。1923年8月份刊登在《申报》上的"推盘声明"和"受盘声明"中明确显示,公民书局将棋盘街发行所的所有财物出让于胡开文笔墨庄,其本版图书则自行处理。

可以说是王云五在1921年夏天的一个华丽转身,改变了两家书局的命运。

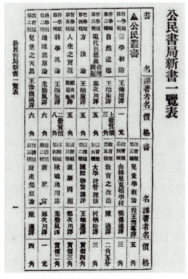

"公民丛书"部分书目

"工商丛书"之《中美英法德日信托业比较论》

民智书局（1921—1937）

民智书局由追随孙中山多年的同盟会和国民党元老林焕廷所办。在经营期间得到亲家胡汉民的全力协助，胡汉民南下香港后，民智书局则成为他在上海的一处联络点。

1921年，民智书局盘入了棋盘街上倒闭的科学书局后，将其大量存书廉价出售。1922年2月，将门面装饰一新后开张营业。

书局在开幕词中表示："我们抱着传布新文化新思潮的决心，来创办这民智书局，我们也受了鼓吹新中国建设的使命，来创办这民智书局的……我们无论如何，总不做市侩，我们从有始到无终，愿尽出版和发行的力量来做个新文化思潮的宣传使者。"

民智书局的经营理念与其政治态度紧密结合，大量传播新知识、新文化、新思想的书籍陆续出版。1925年，公共租界巡捕房在书局内搜出《共产党宣言》《陈独秀演讲》《孤军》《革命》等20余种书刊，将书局副经理郑心广带去审查并企图封停该局，后经律师申辩保释候审。

胡汉民对民智书局作出了非常重要的贡献，他为书局编辑了一套五册的《总理全集》；他的著译作品在民智书局出版的有《三民主义的连环性》《唯物史观与伦理之研究》《马克斯主义时代社会主义史》《南京的对日外交》《革命理论与革命工作》等。同时他还为书局出版的《文艺辞典》《党义概论》等书籍题写书名。民智书局还出版了胡汉民的演讲集和文集。

知名学者杨幼炯曾经主持民智书局编辑工作，为书局出版了许多国际政治和法律新书。他本人也有《三民主义概论》《俄国革命史》等著作出版。民智书局还出版过蔡和森、廖仲恺、陈望道、汪精卫、戴季陶、邹鲁、周佛海等多人的著作。

中小学教科书方面，书局出版过"初级中学国语文读本""民智小学教本"等系列。1932年发行范烟桥主编的《珊瑚》半月刊。时值上海经历"一·二八"抗战事件,范烟桥希望"以美的文艺,发挥奋斗精神,激励爱国的情绪,以期达到文化救国的目的"。1933年,出版龙沐勋主编的《词学季刊》。

1933年,林焕廷在沪病逝,享年53岁。民智书局遂交其长子林汉仑继续经营。1936年,胡汉民亦在沪上去世。民智书局因两大台柱相继倒塌而遭受极大打击。未隔数月,民智书局就开始变卖其唐山路印刷厂的设备财产和存书,并清理转让各种出版物的版权。1937年抗战全面爆发前,民智书局已基本停止经营,而书局主人林汉仑则专心投入摄影创作去了。

胡汉民编《总理全集》(全五册)

《俄国革命史》作者杨幼炯画像

1930年发票背面所列门市简章

人民出版社/昆仑书店/笔耕堂书店（1921—1937）

李达（1890—1966）是中国共产党的创建人之一，也是中共出版事业的开拓者。他个人的出版经历，对于中国近现代历史的进程有着相当重要的作用。

1920年8月上海共产主义小组发起成立后，李达即协助陈独秀、陈望道等编辑党的公开机关刊物《新青年》；同时负责创办秘密刊物《共产党》月刊，此刊成为各地共产主义小组的基本读物，在非常严酷的革命环境里，前后出版了六期。

1921年7月中共"一大"召开以后，担任中央局宣传部主任的李达受命创办党的第一个出版机构——人民出版社。

人民出版社1921年9月1日在李达位于辅德里625号寓所内成立。在短短一年多时间里，出版了马克思、列宁的经典著作以及其他理论书籍18种。包括"马克思全书"三种、"列宁全书"六种、"康民尼斯特丛书"四种以及《劳动运动史》《俄国革命纪实》《李卜克内西纪念》等。这些出版物所有的校对、付印、发行工作都由李达个人承担，他此时还担任着《新青年》《共产党》两份月刊的编辑工作，又要审阅并指示各地组织的文件，可见当时工作之繁忙和艰辛。人民出版社在1923年与新青年社合并，以后中共又相继创办上海书店、长江书店及北方人民出版社。

1927年冬，李达再度回到白色恐怖笼罩下的上海。他与友人邓初民、熊得山、熊子民等人合办昆仑书店，继续传播社会主义理论，为实现革命理想而努力。昆仑书店从1928年开始出版书籍，首批中有李达的旧著《现代社会学》，此书初版及再版销售达七千册，为昆仑书店的经营奠定基础。

昆仑书店先后设于重庆路马安里和浙江路保康里。1929年起，同乐群书店、南强书局、春潮书局在福州路上开办四书店联合发行所，直至1931年解散。从1928年到1932年间，昆仑书店出版各类书籍数十种，书店还编印《图书目录》分发供各地读者选购之用。

昆仑书店翻译出版了多种马恩经典著作，有陈启修译《资本论》（第一卷第一分册）、李达译《政治经济学批评》、钱铁如译《反杜林论》（上册）等，这些都是原著在我国的首次翻译出版。昆仑书店还大量出版有关马克思主义哲学、政治经济学以及科学社会主义方面的专著,其中翻译作品有杨东莼译《辩证法的唯物观》《新唯物论的认识论》,李达译《现代世界观》《法理学大纲》《农业问题之理论》,宁敦武译《帝国主义没落期之经济》《社会主义经济学史》,熊得山译《物观经济学史》,施复亮译《世界社会史》等。李达还与他人合译有《社会科学概论》《马克思主义经济学基础理论》。国内学者著作有张心如著《哲学概论》、邓初民著《政治科学大纲》、马哲民著《国际帝国主义史论》以及李达的两部重要著作《中国产业革命概观》《民族问题》。

1932年,由于国民政府连续颁布法令加强对出版物的监管,昆仑书店遭租界巡捕的查禁而停止了出版工作。

在昆仑书店停止经营后,李达以其夫人王啸鸥(王会悟笔名)之名注册登记了笔耕堂书店继续出版。笔耕堂书店从1932年到1937年,先后使用爱文义路(今北京西路)植荫坊4号、白克路(今凤阳路)怀德里11号和珊家园33号等地址从事出版工作。

笔耕堂书店出版了曾经遭到国民党查禁的吴黎平翻译的恩格斯《反杜林论》(该书系江南书店出版后之重印版),以及沈志远编《新哲学辞典》、李达等译《政治经济学教程》等。

此外,还有李达的著作《社会学大纲》《经济学大纲》及与他人合译的《政治经济学教程》《辩证法唯物论教程》,这些都成为影响深远的经典之作,为传播马克思主义,推进中国革命起到极大作用。其中《辩证法唯物论教程》很快流传到延安,受到毛泽东的高度重视并仔细阅读,为他日后的思想体系打下深厚基础。

1937年抗战全面爆发后,李达离沪,笔耕堂书店遂停办。

朱应会译《世界文学大纲》(昆仑书店)

李达著《社会学大纲》(笔耕堂书店)

新文化书社（1921—1949）

新文化书社创办初期（另有一说 1918 年创办）志在推广新文学书籍。1921 年底，位于拉斐德路（今复兴中路）的新文化书社在经过数月的经营后发布特别启事："敝同人应时势之需求组织本社，专编新文学各书，内容新颖，宗旨纯正，定价平直，折扣低廉，深蒙学界诸君所推许。"他们公布的首批书单包括《白话文做法》《新文学评论》《白话小说精华》《白话写实小说》《各界适用白话信》等，由此看来，多为自编的推广白话文的书籍。

1923 年，迁往西门万生桥瑞秀里内的新文化书社出版了《中国妇女问题讨论集》正续两集，此书是汇集社会各界名人针对妇女问题的文集汇编，文章被编成通论、教育问题、生活问题、参政问题、生育制度问题、社交问题、两性问题、家庭问题、恋爱问题、婚姻问题、离婚问题、独身问题、贞操问题、道德问题、性教育问题、儿童公育问题、娼婢问题、女子心理、剪发问题、传记、杂录共 21 编，是一部总数 200 余万字，3000 多页的关于妇女问题的大汇编。同年还出版了关于婚姻问题的写实小说《恋爱的悲惨》。

以后几年，新文化书社陆续出版了"神州文学社丛书""绿波社小丛书""新文化小丛书"、《妇女年鉴》等数十种书籍，内容涉及政治、哲学、文学等各类，而文学又可分为新体小说、文学童话、戏剧、新体诗、国学等。

作家赵景深在 1922 年组织文学社团绿波社，将一批社员创作的作品交新文化书社出版。他自己也有数种编译作品在书社出版。其中有根据自身经历创作的小说《失恋的故事》，这也是他的第一部作品。另外有翻译童话《无画的画帖》以及《童话评论》《安徒生童话》《近代文学丛谈》等。社会活动家、作家和学者高尔松也是新文化书社的重要编者和作者，他为该社编著的书籍有《中国创作小说选》（二集）、《汉口惨杀案》《沙面惨杀案》《帝国主义与中国》《阅书室概论》等。

1926 年，新文化书社迁到福州路 62 号近河南中路口，对面就是中华书局。开始效仿亚东图书馆发行新式标点书《古文辞类纂》《经史百家简编》《今古奇观》等。此后经营主要着力于这种"一折八扣"的低成本书籍的制作。1929年,曹聚仁将著作《国故学大纲》中下两卷交新文化书社出版发行。此书上卷交梁溪图书馆出版,该馆未按期付版税,而后又停业了。这一年还出版了《吴稚晖先生全集》《美国的党争》等。

  1930年以后,新文化书社的经营风格大变,新书出版基本停滞,主要以廉价促销经营旧版新文学书籍和新式标点书,营业品种上千种。难怪老出版人朱联保文不能确定这前后两家是否同一家。1933年,新文化书社被纸业同业公会举报,该社进口大量日货报纸,私印书籍,遭到书业同行和上海市商会的问责。1935年,新文化书社主人樊春霖投资银行和钱庄失败,损失惨重。1936年,南华书店公开通告同业暨警告新文化书社用有益书局之假名盗版印制其《最新各科常识问答》一书。此后新文化书社开始通过多家同行贩售存书,自己则搬到福州路山东路口中和里内维持经营,直到新中国成立后被并入通联书店。

吕云彪、戴渭清、陆友白编著《白话文做法》初版于1920年

雷晋笙、徐蔚南译《莫泊桑小说集》

新式标点《红楼梦》(全六册)

群众图书公司(1924—1950)

群众图书公司系原泰东图书局员工、江苏无锡人方东亮所办。由于泰东的老板赵南公在经营管理上比较松懈,对于员工的物质待遇也关心不够,因此常有员工在外兼营一些私活。方东亮属于较早离开泰东自营出版的一个。以后有沈松泉、张静庐、张一渠等多人离开泰东图书局自行创业。

方东亮以低调沉稳的方式,在福州路中市的上佳地段不断发展经营。他并不像其他同行热衷于用报纸广告来促销,而是在编辑出版的书籍质量上下一番功夫。群众图书公司在南京和无锡设有分发行所。

群众图书公司以标点旧书开启经营,1924年出版的图书中,有方东亮的泰东同事沈松泉点校的《徐霞客游记》《唐诗三百首》,有许啸天、胡翼云标注的《阅微草堂笔记》,另有《陶渊明集》等。国学方面,包括梁启超《中国学术思想变迁史》、章太炎《国学略论》、朱炳煦《唐代文学概论》、周群玉《先秦诸子述略》、刘毓磐《词史》、林长青《文字学名词诠释》等专著。1927年,出版十卷五册《吴稚晖全集》和陈柱的《中国学术讨论集》两集,这是方东亮向两位无锡乡贤的致敬之作。

群众图书公司与时任暨南大学教授的曹聚仁关系比较密切。曹聚仁以其发起成立的文学社团听涛社名义为群众图书公司编辑了一套中学文学读本,有《小说甲选》《小品文甲选》《书信甲选》《散文甲选》等。1931年8月,出版曹聚仁主编之《涛声》周刊,该刊旨在"唤醒随风倒的青年,在是非不明的圈子中,睁开眼睛认识对象,"并坚持"生活批判、思想批判、文艺批判、政治批判"的态度,传递了知识分子爱国和救亡的情绪和努力。鲁迅以"罗抚""鲁隼"等笔名为此刊写稿,并称赞此刊有"赤膊打仗,拼死拼活"的精神。《涛声》周刊在1933年11月终因批评政府、支持左翼而被禁。1933年,曹聚仁原计划出版李大钊的《守常全集》,后因方东亮觉得此书有政治敏感性内容而放弃出版。1935年,曹聚仁将鲁迅1927年在暨南大学的演讲"文艺与政治的歧途"

记录稿交杨霁云编入《集外集》中,此书由曹聚仁介绍在群众图书公司出版,是此书的首个版本。此后,曹聚仁还为群众图书公司编辑纪念鲁迅的《鲁迅手册》(1938年出版)和《现代名家书信》(1947年出版)。

新文学书籍方面,出版了滕固的小说《银杏之果》,曹雪松著《爱的花园》、丁丁著《未寄的情书》、邱锽译《情诗选粹》三种诗集,另外还出版张资平主编的被其称为"不谈什么主义的纯文艺刊物"《絮茜月刊》。

抗战胜利后与苏州人陆宗植所办的励力出版社和正气书局联名经营。发行地址也从福州路300号改到了山东路209号内。期间再版了一批旧版图书,包括美国记者斯诺等著《西北印象记》、陈云著《红军长征随军见闻录》等,出版新书有曹聚仁编《现代名家书信》、吴秋绮著《失恋的情书》、韩泽编《敌军战场日记》等。群众图书公司的经营活动持续到1950年。

与新文化书社合作发行《苏曼殊诗集》

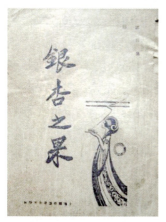

滕固小说《银杏之果》

抗战胜利后出版韩汶编《敌军战场日记》

光华书局(1925—1935)

光华书局在沪上出版业黄金时期被称为"四马路新书店的领军人",可以想见这家书局在当时影响力之大。

1925年秋,沈松泉与卢芳、张静庐在四马路太和坊内以复刊创造社编的《洪水》杂志为标志,开启了光华书局的出版业务。凭借他们以往在泰东图书局的人脉和经验,以及创造社成员郭沫若、周全平、倪贻德等人的帮助,光华书局发展迅速。不久他们就将楼下常去打牌喝茶的九华堂药铺租下,1926年5月经装修后正式经营。以后又在杭州和北京开设分局。

当时的中国,正值新文化运动影响下的新文学创作巅峰时期,许多知名作者的文艺作品广受社会大众的追捧,光华书局抓住了这个宝贵机遇,大量出版文艺期刊和新书,一举打开市场,成为沪上新书局中的佼佼者。

光华书局出版的文艺类书籍门类齐全,而多由名家执笔。其中文学史方面,有赵景深著《中国文学小史》、田汉译《欧洲三个时代的戏剧》等。文学和艺术理论方面,有鲁迅编《高尔基文集》、郁达夫著《小说论》、滕固著《唯美派文学》、倪贻德著《艺术漫谈》、华林著《艺术文集》、郑吻仄著《人体美》等。翻译小说有余慕陶译《波斯顿》、曹靖华译《铁流》、叶灵凤译《蒙地加罗》、戴望舒译《醉男罪女》、张资平译《衬衣》、姚蓬子译《小天使》、鲁彦译《给海兰的童话》、钟宪民译《白马的骑者》、杜衡译《哨兵》等。散文有章衣萍《青年集》、叶灵凤《白叶杂记》、滕固《死人之叹息》、倪贻德《少女与妇人》、乌一蝶《水泡》、陈学昭《倦旅》、徐霞村《巴黎游记》等。

创作小说是光华书局出版的文艺类书籍中的重中之重。有茅盾的《路》、张资平的《群星乱飞》等、成仿吾的《流浪》、沈从文的《神巫之爱》等、周全平的《梦里的微笑》等、黎锦明的《一个自杀者》等、王任叔的《阿贵流浪记》等、罗西的《玫瑰残了》等、胡云翼的《中秋月》、高长虹的《春天的人们》、胡也频的《活珠子》等、许杰的《暮春》、丁玲的《自杀日记》、金满成的《友人之妻》、芳信的《秋之梦》等。

自泰东图书局时期起建立起来的友好关系,使得郭沫若成为光华书局最重要的作者,他的著译数量也列所有作者之最。有《文艺论集》《文艺论续集》《茵梦湖》《落叶》《幼年时代》《塔》《后悔》《漂流三部曲》《山中杂记》等。值得注意的是,作家沈从文在光华书局出版的著作有《记胡也频》《神巫之爱》《一个天才的通讯》《长夏》《山鬼》《十四夜间》等多种。

书局主人沈松泉也为自己出版了《醉吻》《死灰》两部小说和散文集《少女与妇人》。

光华书局先后出版过的期刊,有郭沫若、周全平等编《洪水》半月刊,创造社编《创造日汇刊》,潘汉年、叶灵凤编《戈壁》,鲁迅、柔石编《萌芽》文艺月刊,姚蓬子、周扬编《文学月报》,鲁迅、朱镜我、李一氓等编《巴尔底山》;另外还有徐懋庸编《新语林》半月刊、芳信编《火山》月刊、顾凤城编《读书月刊》、汪馥泉编《新学生》月刊等。总计约有二十来种。

1931年,张静庐和卢芳脱离光华书局,自创上海联合书店。此后光华书局的编辑工作由顾凤城担当,他除主编《读书月刊》外,还编辑《文艺创作讲座》《新兴文学概论》《新文艺辞典》《中外文学家辞典》《郭沫若论》《创造社论》《茅盾论》等多种。1932年,光华书局与乐华图书公司在山海关路南兴坊合股开办联华印刷所,一个多月后双方即拆伙,印刷所由光华书局独自经营。此后,光华书局试图通过开办读书会和廉价促销来扭转急转直下的经营状况,但收效甚微。1935年,无力维持的沈松泉最终将光华书局的所有存书以及400多种纸型版权出让给宁波人陈荇荪所办的大光书局。

芳信、钦榆译《近代欧美独幕剧集》("水仙丛书")

田汉译《欧洲三个时代的戏剧》

1928年初版《曼殊小说集》

北新书局(1925—1949)

北新书局由李志云、李小峰兄弟于1925年创办于北京。书局最初的成功,与鲁迅和语丝社不无相关。虽然鲁迅曾因北新书局拖欠其稿费颇为不满,但始终还是保持与之合作的态度。李小峰是北大教授,也是北京《晨报》的得力干将,他与周氏兄弟、刘半农、林语堂、孙伏园等新文化运动的活跃人物关系密切。因此北新书局出版发行的大量高质量书籍期刊销路甚佳,也吸引到各方人士入股投资,最终成为民国时期颇具影响的出版社之一。

北新书局1926年6月在上海宝山路宝山里77号设分局。1927年2月迁址,在福州路(山东中路西侧)世界书局对面设发行所,在河南北路的富庆里内设编辑所。当年,上海成为书局总部所在地。1928年3月,因发行所翻新,暂时迁至五马路棋盘街(今广东路河南中路)口中原书店隔壁(原文化书店旧址),11月新屋落成开张。并先后在新闸路仁济里、七浦路288号(又一说291、292号)设编译所。1934年迁至福州路昼锦里对面371号新址。1937年抗战全面爆发直至胜利以后,书局地址变为福州路254号,期间也曾设址林森路(今淮海中路)四明里6号内。北新书局先后在广州、北平、南京、武汉、开封、杭州、厦门、昆明、贵阳、济南、成都、重庆、西安等地设立分局。

北新书局以出版新文学作家作品最为突出,包括鲁迅、周作人、郁达夫、徐志摩、林语堂、郭沫若等大量名家的著作。其中鲁迅的著作有《中国小说史略》《呐喊》《彷徨》《野草》《坟》《朝花夕拾》《三闲集》《两地书》《伪自由书》等,加上他编校、翻译、题序的书籍,有数十种之多。北新书局还翻译出版了大量外国的文艺作品。

作家、教育家赵景深系北新书局经理李小峰的妹夫,他自20世纪30年代起长期担任北新书局总编辑,而他本人在该局出版的著译编作品有《童话概要》《栀子花球》《作品与作家》《小朋友童话》《小说闲话》《文人剪影》《文人印象》《海上集》《湖上集》《琐忆集》《文坛忆旧》等多达数十种。

北新书局不仅出版了大量文艺、社科新书,同时还非常重视教科书以及青少年读物的出版,由他们首创的《北新活页文选》,请名家编选并附注释,涵盖各个年级,深受学校师生欢迎。北新书局从20世纪30年代起陆续出版过各科教科书若干种。抗战胜利后,曾参与教育部编订的"国定课本"中的部分印刷业务。北新书局也以小朋友书局、现代教育研究社为副牌,出版儿童读物和各类教辅书籍。

北新书局还出版了《语丝》《北新》《奔流》《小学生》《青年界》等多种颇具影响力的期刊。

1932年10月底,北新书局因出版《小猪八戒》一书中有侮辱伊斯兰教的内容,引起广大回教徒的强烈抗议和攻击,曾被法院查封而被迫改名青光书局经营。1938年至1939年间,北新书局曾租沪上康脑脱路(今康定路)徐园办北新学校,包括中、小学和幼稚园,该校经营不到一年,因与徐园园主发生冲突而终止。新中国成立后,北新书局先同广益书局、大中国图书局、人世间社组成四联出版社,后加入通联书店,公私合营时并入上海文化出版社。

鲁迅著《华盖集》

周作人著《风雨谈》

焦菊隐著《夜哭》

出版合作社（1925—1935）

合作出版社由沪上一批著作人集资创办。其主要业务是印行教科书及哲学、科学、文艺等图书杂志。具体经营办法是，初期定期发放集资款的利息，待利润部分累积至超出集资款时，则将利润转为经营基金，集资款退返集资人。以后产生利润则作为员工薪水和著作人稿费发放。

1925年5月成立时位于四川北路塘沽路口，8月即在西门方斜路124号设发行所。发行所经营业务包括本版书籍、外版书籍、世界语书、定期刊物、美术画片、美术玩品、文具簿籍，并承接印刷和旧书买卖业务。出版合作社初期成立过一个全国学生英文竞进学会，招募各中等以上学校学生加入，会员可以交流各自作品，了解学习方法，提高学习兴趣，并享受学会提供的各种福利。

1925年出版《三十三年落花梦》，至1934年印至八版。作者宫崎滔天与孙中山、黄兴、宋教仁等中国近现代革命人物的友谊深厚，该书成为研究中日近代史、中日关系史的重要文献。华林、谷剑尘、梁冰弦、蒋山青、卢剑波等人是出版合作社较为活跃的参与者。其中广东籍的无政府主义者梁冰弦编辑《吴稚晖学术论著》共三集、讲解现代文化史的《廿世纪之母》以及英文工具书《英文一万字》。广州革新书局出版的国民党元老李石早期的三部译著、剧本《鸣不平》《夜未央》和克鲁泡特金的《狱中与逃狱》（该书最后一章后由巴金补译），以及为已故革命家刘师复编辑的《师复文存》，也均交出版合作社经售。

作家蒋山青出版了他的"重翠丛书"——《秋蝉》《红睡》《月上柳梢头》三部系列小说。戏剧教育家、上海戏剧协社的主持人谷剑尘的重要戏剧理论专著《剧本的登场》也是合作出版社的首批出版物之一。出版合作社还出版了郑效洵、毕修勺、岳烺等人翻译的各国文学作品。也出版过许杰小说集《飘浮》、梅子小说《争自由的女儿》、史震林小说《天上人间》等文学作品。

出版合作社关心世界语的推广，不仅印行《世界语初阶》《世界语文规》

《世界语模范读本》《世界语汉文辞典》等工具书,还将鲁迅名作《阿Q正传》翻译成世界语出版。

1927年4月,出版徐耻痕编《中国影戏大观》,邀请王西神、严独鹤、赵苕狂、徐卓呆四位作家记述,介绍当时沪上的电影公司、影戏院及电影明星等大量信息,是记录中国早期电影发展史的重要文献。

1927年12月,出版毛一波、卢剑波、张谦弟合编的《妇女问题杂论》,这是一部社会各界探讨妇女解放运动的议论文集。

1927年后,出版合作社搬至江湾,此后印刷和发行业务多与启智书局合作。在江湾时期曾出版过一种《南国》月刊,1932年"一·二八"战争中社址被毁,以后迁至广东复刊。未知此事是否与梁冰弦相关。1935年,出版合作社地址变更为劳神父路(今合肥路)至振里4号。以后未见该社有出版经营活动。

梁冰弦编《吴稚晖学术论著》

1927年版蒋山青著《秋蝉》

1929年初版郑效洵译《谜样的性情》

良友图书印刷公司（1925—1945）

广东台山人伍联德也是商务印书馆培养出来的杰出出版人之一。从自己的译作《新绘画》在商务印书馆出版，到加入商务印书馆成为美术编辑，然后离馆自行创办印刷所，伍联德仅用了不到三年时间，而这三年为志在出版事业的他打下扎实的基础。

伍联德的出版事业也是踏踏实实地经过了单纯印刷、出版杂志、兼营图书三个过程。1925年7月，他的印刷所开始营业。1926年2月，闻名海内外的《良友画报》诞生，紧接着卢梦殊主编之《银星》，孙师毅主编之《汎报》，傅彦长、徐蔚南、张若谷主编之《艺术界》等期刊相继问世。伍联德很快将资本增扩至20万元并正式定名"良友图书印刷股份有限公司"。1927年，公司策划图书60余种相继出版。同年，伍联德将原来位于四川北路鸿庆坊口（奥迪安影戏院隔壁）的印刷所迁移至四川北路20B（塘沽路口）拥有四五十个房间的宽大办公楼内，同时开启了他赴日美欧考察全球出版印刷之旅，良友也就此踏上了蓬勃发展之路。

以电影明星胡蝶作为创刊号封面图片的《良友画报》，已被公认为中国乃至全世界最早出版的大型综合性画报。伍联德也因此有"中国画报之父"的美誉。画报以其内容的广泛、印制的精良，很快打开了海内外市场，从1926年到1945年间，经历伍联德、周瘦鹃、梁得所、马国亮、张沅恒等多人接力主编，总共出版172期，发表图片近四万张，成为极其珍贵的历史文献。

以梁得所、赵家璧、郑伯奇等人组成的编辑团队，也为良友出版了大量优质的书籍。其中既有《中国大观》《中华景象》这样的大型画册，更有《中国新文学大系》、"一角丛书""良友文学丛书""万有画库"等大型文艺类丛书。其中在中国现代文学史中占非常重要地位的"良友文学丛书"，出版时间从1933年至1946年历时14年，抗战期间还辗转桂林、重庆两地，出版了包括鲁迅、巴金、张天翼、丁玲、老舍、茅盾、沈从文、郑振铎、施蛰存、靳以、鲁彦等作家的作品共计48部，获得极佳的销路和长期的美誉；良友宣称这套书"是辉煌中国文坛之前导的火炬,是冲破出版界之沉寂的巨雷"!

由胡适、鲁迅、周作人、朱自清、茅盾、郑振铎、郁达夫、洪深、阿英、郑伯奇担任各卷主编的《中国新文学大系》十卷本,详细纪录了中国新文化运动以来第一个十年(1917—1927)间的详细史料,是研究中国现代文学的必备工具书。

良友始终坚持进步的思想立场,出版多种介绍苏联以及左翼文人的书籍,常被国民政府查禁。国民党上海市党部曾要求公司解雇带有明显政治倾向的编辑赵家璧、郑伯奇,伍联德既置之不理,也不干涉他们的编辑自由。抗战时期,良友也因出版物中涉及抗日内容而遭查封。

1937年,抗战全面爆发后,良友图书印刷公司因损失过重,一度停业。在此期间,由于股东余汉生、陈炳洪和伍联德之间发生权力之争,为以后的彻底衰败埋下隐患。1939年初,以良友复兴图书印刷股份有限公司名义宣布复业。1941年太平洋战争爆发后,公司被迫迁往桂林、重庆。抗战胜利后1946年返沪复业,但伍联德因抗战时期出任日伪政府官员被定罪,其他股东内斗不止,主持编辑的赵家璧也离职创办晨光出版公司,良友便在当年5、6月间完全停业。1949年后,伍联德及其子在香港和海外曾经恢复良友图书公司的经营以及复刊《良友画报》,此乃后话。

"良友文学丛书"第一辑鲁迅编译《竖琴》

"万有画库"之《日本人生活》

上海沦陷时期良友门市部发票

三民图书公司(1925—1955)

上海嘉定人吴拯寰在开办三民公司之前,担任过务本女校的教员,与严独鹤为同事,与周瘦鹃为邻居。他还在 1922 年参与《嘉定报》的编辑工作。1946 年吴拯寰在家乡创办私立高义小学,新中国成立后捐给了政府。由公司名字即可知吴拯寰是一位坚定的三民主义的追随者。

1925 年,位于四川北路 919 号求志里内的三民公司开始其出版业务。该公司初期的出版主题比较明显集中在"孙中山和三民主义""教科书与教学辅导书"两大类,同时也发行《中华国货报》和一些实业类书籍。以后逐渐发展成门类较全的综合性出版机构,出版物总计有数百种。三民公司开业不久即在麦家圈交通路(今山东路昭通路)口 96 号另办发行所。1933 年公司迁往法租界吕班路(今重庆南路)蒲柏坊 47 号后,改称"三民图书公司"。此外,该公司还同时使用春江书局的副牌营业。

三民图书公司出版的有关"孙中山和三民主义"的书籍品种多,门类全。关于孙中山的书,有《孙中山全集》《孙逸仙传记》《孙中山轶事集》《中山经济思想研究集》《孙中山主义读本》《孙中山革命史》《孙文主义哲学的基础之商榷》《孙中山评论集》《历年演讲录》《孙中山广州被难记》等。关于三民主义的书,有《三民主义与中国及世界》《三民主义浅说》《三民主义精义》《三民主义问答》《三民主义国语教科书》《三民主义体系问答三百条》《三民主义英文读本》等。

吴拯寰有在教育界服务的背景,三民图书公司出版了大量从小学直到大学适用的教学用书,有教科书、考试用书、英文读物、升学指导、各学科参考书、字典辞典、教学挂图等。有"考试必证丛书""华英对照英文读本""标准英文文学读本""高等考试全书""县长考试全书"等。其中吴拯寰本人参与编撰的也非常之多,如《各科论文集》《中外历史问答》《中学模范作文》《普通实用新尺牍》《中国人文地理问答》等。

1947年，三民图书公司取得战后教育部颁发的审核证，准许发行学校用教科书，吴拯寰邀请十多名教育专家参与编撰。

吴拯寰是作家秦瘦鸥的姐夫，作为吴氏家族成员，秦瘦鸥参与了三民图书公司的一些编译工作。他编辑了《中国国民革命史》《蒋介石最近言论》等。秦瘦鸥还有多种翻译、注译书籍在三民出版，有《茶花女》《万里寻亲记》《泰西五十轶事》、"模范故事读本""华雷斯侦探小说系列"等。秦瘦鸥在上海商学院求学时期创作的一部小说《恩·仇·善·恶》也由三民公司在1927年出版，这是他的首部出版著作。

新中国成立后，有着近30年出版工作经验的吴拯寰参加了1950年9月举办的第一届全国出版会议，并提交了发言和提案。三民图书公司还同赵景深等人合作，继续出版了"历史故事连续画""农民革命故事丛书""绘图大众文艺丛书"以及《红楼梦连环画》等各种书籍。1953年三民图书公司加入连联书店，1955年公私合营并入新美术出版社。

三民公司时期使用的标识

1927年1月版《孙中山全集》

吴拯寰编《各科论文集》

秦瘦鸥译小仲马著《茶花女》

创造社出版部(1926—1929)

创造社是中国新文化运动中较早成立的一个文学社团,成立时以一批留日作家为主干。创造社早期的出版主要与泰东图书局和光华书局合作。

创造社自办出版部,主要基于以下两个原因:一是与读者建立直接合作关系,减少出版社的中间环节,可以获取更多的利润;二是从作品内容上可以表达更多的自由度,减少因政治倾向而产生的限制阻挠。

1926年3月创造社在闸北宝山路三德里内成立时,由于在泰东和光华之前出版的"创造社丛书",以及《创造》季刊、《创造周报》《创造日》等书刊已经热销于书市并使得创造社名声大振,故而他们能比较顺利地募集到社会上的资金。他们发行五元一股的小额股票,立即引来了成百上千的投资人,这些股东同时也成为忠实的顾客,热心购买各种书刊推动业务发展。

创造社出版部成立后,社内核心作者郭沫若、成仿吾、郁达夫、张资平、王独清组成执行委员会指导协助出版业务,周全平、叶灵凤、潘汉年、敬隐渔、倪贻德等"小伙计"们组成的经营团队文采出众,思想活跃,工作努力,也使得出版部在创办初期即取得非凡的业绩。

创造社出版部成立的时机也恰到好处。顾凤城在一篇介绍新书业的文章中提及:"经过五卅惨案以后,青年的反帝反封建的情绪更为热烈。创造社出版部成立,以革命的浪漫主义为号召,出版的书籍最为青年所欢迎,郭沫若的《落叶》、张资平的《飞絮》等,均销行之十余版之多。那时的书局,无论出版什么创作,只要有些革命的口号和恋爱的穿插,那么初版两千本是闭了眼睛可以销出去的,这是新书业的黄金时代。"

创造社出版部后来先后迁往四川北路麦拿里41号和四川北路518号。在业务繁荣之时,他们还在北京、广州、南京设立营业处。

1928年3月出版部举行两周年展销时,书籍包括郭沫若、成仿吾、张资平、王独清、郑伯奇、郁达夫、陶晶孙、穆木天、曾仲鸣、蒋光慈、黄药眠等作家的大量文学作品,而期刊方面则有《创造》《文化批判》《洪水》等数种。

然而创造社出版部好景不长,创造社成员作品中提倡的激进的革命文艺的思想很快受到当局的干预。郭沫若被政府通缉的特殊身份更使他们遭遇极大的麻烦。1929年2月,创造社被查封,出版部也就随之结束了经营活动。

创造社出版部关停后,由郑伯奇、朱镜我、冯乃超等人以江南书店的名义在福州路山东路口的古玩商场内从事过一段时间的出版发行工作,出版过《政治经济学》《帝国主义概略》《社会形式发展史》《反杜林论》《怎样建设革命文学》等一批书籍,但在1930年上半年即停止。

郭沫若诗集《瓶》　　　张资平著《冲积期化石》　　　成仿吾等著小说集《灰色的鸟》

光明书局(1926—1955)

光明书局的创办人王子澄,曾经就职于民智书局,开办光明书局之时,他还在浙江大学担任处员一职,与郑天挺、俞子夷等人同事。

光明书局最早的出版物是宣传妇女解放的翻译作品《恋爱与结婚》,此书也反映了书局追随新文化新思想潮流的出版风格。

1929年,光明书局从棋盘街(今河南中路)95号迁往福州路550号二楼后,业务迅速发展,成为繁华的"书店街"上一家备受瞩目的新书店。

光明书局出版中学各科参考书、文艺理论丛书、世界文学丛刊、社会科学丛刊、传记丛书等书籍,还出版了《文学界》《时代论坛》等杂志,受到文化界的好评。

史学家谭正璧在上海民立女中和民立中学教书期间,为光明书局编撰了数量较多的作品,其中于1934年出版的《中国文学家大辞典》,共收历代文学家6851人,总计140万字,成为当时国内文学研究者和国外汉学研究者的必备工具书。以一人之力完成这部巨著,足见谭正璧的努力和勤奋。此书1949年后还多次在香港等地影印重版且印量巨大。谭正璧的其他作品有《中国文学史大纲》《中国文学史》《中国女性的文学生活》《中国文学进化史》《中国小说发达史》《国学概论讲话》《文学概论讲话》《现代社交书信》《近代名家尺牍》《古代尺牍选注》等。其中多部因其重要的学术价值不断再版,为书局带来可观收益。

除了大量社会政治类的书籍以外,光明书局也非常重视文艺作品的出版。作家张资平在创造社停止活动后,有多部作品交光明书局出版,如《爱之漩涡》《上帝的儿女们》《明珠与黑炭》《柘榴花》《素描种种》等。作家关露、林淡秋、邱韵泽、王独清、谢冰莹、平心、凌叔华、戴望舒、蒋天佐、梅益、巴人、楼适夷、石灵等人的作品也都曾在光明书局出版。

受新文化运动影响,20世纪二三十年代成为上海新书业的黄金时期,大量新书店入驻福州路。当时在中华书局西侧的福州路上,光明书局与文艺书局、乐华图书公司店铺相连,一字排开,附近还有光华、泰东、群众、新月、金屋、真美善、卿云等一大批新书店,一时盛况空间,这种局面一直延续到 1935 年前后。

1939 年门市发票

光明书局在抗战全面爆发以后,依然保持旺盛的经营能力。1937 年以后,书局非但没有受到局势动荡的影响,反而显示出更强的势头。1938 年 1 月,书局搬入福州路 296 号一幢三层楼房内,底楼开门市,二楼前间作办公室,其余地方作仓库。通过在汉口的支店,出版了由平心主编的一套民族解放丛书,包括《中国与苏联》《中国抗战地理》《世界民族解放战争的教训》《中国抗战与国际形势》《民主政治与救亡运动》等,表达强烈的抗战救亡决心。书局在重庆、柳州、金华的三家支店,也同时推进战时文化的工作。他们还通过广州分店计划编辑"中国丛书"和"光明文库",结果因广州被日军攻陷而未能遂愿。在上海,书局则着重于国际问题和社会科学理论书籍的出版,1939 年,还编辑出版了"光明文艺丛书"。书局还大量承接其他出版社如远东画报社、风雨书屋、公论社、文献社等的发行工作,业界评论书局是"在动荡不安的新出版业中,像蜗牛般慢步前进着十数年如一日……是文化事业的辛勤的播种者"。

1949 年上海解放后,光明书局出版过"少年文艺丛书"等,1955 年公私合营并入上海新文艺出版社。

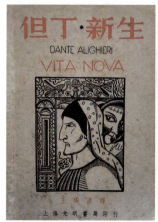

王独清译《但丁·新生》

"光明文艺丛书"之蒋天佐著《低眉集》

冒舒湮编《世界名剧精选I》

85

卿云图书公司（1926—1934）

陆友白与吴拯寰、谭正璧、秦瘦鸥等人同为上海嘉定人，他曾留学东洋，是活跃激进的文艺青年。他曾执教暨南附中、南洋商专、南洋女师、爱国女学、中华职业等多家学校，参加过国民党部的工作；曾办太平洋学社，办沪北精励学馆，与吴拯寰等一起创办《嘉定报》。陆友白还曾于1927年12月办《上海新闻》日报，但出版仅数期便停刊。他与傅彦长、黄震遐等人一起办卿云图书公司从事出版活动的经历似乎已被历史遗忘，很少被提及。

1925年，陆友白在宝山路天吉里17号内开办沪北精励学馆，专收优秀生或低能儿以家塾的方法进行个别的教育，教授范围从小学到初中，课程包括国学、算学、英文三科。翌年，陆友白在此地开办卿云图书公司（也称卿云书局），开始出版工作。

卿云图书公司虽然也出版过如《孙文全集》《孙中山先生传记》《社会进化原理》以及"民众丛书"等社会科学类的书籍，但主要还是专注于文艺类书籍的出版。这或许与陆友白办《嘉定报》时同伴遭文字狱之累受到警示有关。1928年，陆友白将国民党党部汇编的《中国国民党宣言汇刊》和《中山先生演讲全集》二书出版销售，被控违反党纪遭到拘捕，并被处开除党籍六个月的惩罚。另该书局发行的杂志《学校评论》，也曾遭国民政府的查禁。

卿云图书公司出版了很多言情文学作品，甚至有涉及性爱艳情类的描写，以此来取得销售上的业绩。其中小说类包括《师生的爱》《上海的故事》《雅典娜》《为了她》《爱的爱》《艳红杯》等。

他们于1926年初版的一百回《古本金瓶梅》，是民国期间出版的较为经典的版本，引起较大的反响，重印竟达二十几版之多。另外几种畅销书有周大荒著《反三国演义》、陈辟邪编《海外缤纷录》、秋潮生著《蜃海风花》、浪漫博士著《倭袍记演义》等。

傅彦长为卿云图书公司编辑了文艺杂志《雅典》月刊。该刊内容集中于以都会为中心的文学思想和艺术批判,提倡民族的艺术文化。撰稿人有邵洵美、卢梦殊、黄震遐、查士骥、查士元、张若谷、徐蔚南、曾虚白、汪倜然、梁得所、谢旦如等人。

卿云图书公司的营业活动到1934年便戛然而止。以后只有经理陆友白在1936年作为书局代表参加过上海书业同业公会的会员大会的记录。

公司标识

1926年版《古本金瓶梅》(全四册)

1926年版《何典》

形象艺术社（1926—1941）

朱凤竹是民国时期一位知名画家，他的作品大量出现在各种书报刊上面，尤其是他的反映现实社会生活的漫画作品，得到出版商和读者的广泛认可。如著名的鸳鸯蝴蝶派畅销文艺期刊《红玫瑰》经常采用朱凤竹的作品作为封面画。

朱凤竹作为一个出版人经营形象艺术社的经历，却少有人问津。事实上从1926年他与同学兼好友陶冷月等人开办形象艺术社开始，朱凤竹从事出版事业时间长达20余年之久，这是他进行绘画创作以外另一份重要的职业。后来参与形象艺术社的还有画家颜文樑和胡藻斌等人。

形象艺术社于1926年在上海闸北顾家湾创办，该社以"专门研究古今中外图画艺术"为宗旨，除编著各项艺术书籍以外，还轮流举办画家个人展览，首个展览便是为画家陶冷月所办。

形象艺术社的出版物中最为重要的是为各级学校提供教本，其规模数量列同类专门出版机构之首。小学用的有《学生画宝》《图画新范》《新美术画帖》《初级水彩画》《小学铅笔画》《学生毛笔画》《学生水彩画》《学生铅笔画》《学生蜡笔画》《学生钢笔画》《学生图案画》等。中学教材有《形象水彩画》《形象铅笔画》《活页铅笔画》《活页水彩画》《标准铅笔画》《思同铅笔画》《水彩写生画》《实用制图学》《美术图案画》《彩色图案画》《工艺图案构图法》等。学校手工课教材有《剪形》《平涂水彩画》《穿纸手工》《活页剪贴画》《儿童图案剪贴集》《编纸刺绣两用范本》《折纸玩具一百种》《小学生工艺》《儿童工艺》等。

此外还出版多种广告美术用的参考书籍，有《应用模样集》《广告图案集》《五彩活用广告画》《广告画经验指导》《喷雾广告画》《中西美术字谱》《现代美术字》《美术画典》《西画常识》《西法肖像学》《实用装饰图案》《创作版画雕刻法》《图案新谱》等。

形象艺术社还出版多种珂罗版印刷品,有"国粹名画片"十多辑,包括艺风社、张书旂、陆一飞、顾坤伯等人画作。画家个人画册有《书旂画集》《藻斌画稿》《藻斌花鸟草虫画帖》《黄哀鸿画集》。

形象艺术社还出版了《国乐新谱》一套四册,介绍琵琶、三弦、笙、胡琴、月琴、笛、扬琴等各类乐器的使用方法,以及这些乐器乐谱的学习法。

朱凤竹本人参与了大部分中小学教材的编绘工作,同时还出版了个人作品集《古今中外人体服装画谱》《朱凤竹扇面画谱》等。

朱凤竹编绘《最新铅笔画集》

形象艺术社的社址数度变更,从最初的闸北顾家湾到法租界贝勒路(今黄陂南路)吴兴里,发行所也前后设于麦家圈(今山东中路)庆云里、福州路东华里、棋盘街(今河南中路)178号和卡德路(今石门二路)145号。该社经营直至1941年太平洋战争爆发上海租界沦陷。

珂罗版印制画片《艺风社画集》

朱凤竹编《古今中外人体服装画谱》

春野书店（1927—1929）

近现代中国出现过大量文学社团，而其中能独立开展出版业务的，除了创造社出版部以外，另有一家值得关注的是太阳社。

太阳社是由以蒋光慈为核心的一批共产党员所组成的革命文学社团，发起人还有钱杏邨、孟超、杨邨人。他们四人1927年相聚在武汉时，便筹划办一份革命文学刊物，当年回到上海后便付诸实施。以后陆续加入的有洪灵菲、杜国庠、戴万平、楼适夷、殷夫、刘一梦、周灵均等。李克农也曾是中共春野书店支部的成员，该支部受瞿秋白的领导。

太阳社从成立之时便以出版业务为主要的活动手段，包括出版社刊《太阳月刊》和"太阳小丛书"、成立春野书店。

1927年底，春野书店在北四川路虬江路口奥迪安大戏院的斜对面租下一家铺面开始营业，到1929年因发行《世界周刊》被查封，虽然前后只经历了一年多时间，但却出版了一定数量的有影响力的书刊。

首先出版的《太阳月刊》，其内容是将革命者的思想和激情通过文学作品来表达，以激发民众的情绪，鼓励民众与黑恶势力斗争的决心，显示了太阳社成员的社会担当，传递了他们的文学理想。春野书店还发行过《时代文艺》《新流月报》《海风周报》《拓荒者》《荒芜地》等数种期刊。

书店开办之初即编印由郁达夫自选其得意之作，并推荐作为中学课本之用的《达夫代表作》出版，此书后来遭国民党查禁。春野书店还曾经向全社会征集蒋介石、宋美龄结婚前后的一切文件新闻、韵事记载等，拟编辑《蒋宋结婚纪》一书出版，但此书未见付印。

"太阳小丛书"包括钱杏邨著《革命的故事》、蒋光慈著《哭诉》、杨邨人著《战线上》、王艺钟译《玫瑰花》、刘一梦著《失业以后》等。"太阳小丛书"的出版，引起社会上的广泛关注和好评，屡次重印。鲁迅称《失业以后》是近两年来的"优秀之作"。郁达夫在日记中记录了阅读《革命的故事》和《战线上》两本书的感受,认为是"有时代的价值的",是年轻一代作者中"可以算是代表的作品"。

此外出版的单行本还有夏衍译小说《地狱》、迦陵诗集《残梦》、纪元散文集《处女》等。太阳社出版书籍在装帧上均着意凸显艺术性,如诗集《残梦》由钱君匋设计封面,吴清玠和徐迅雷作插画和屏画,纸张选用黄色米伦纸。

1928年5月,因股东王明高被查系反动分子,春野书店职员被捕,门市停业多日。6月,《太阳月刊》出版第7期后停刊。8月,暂停门市营业,迁往北四川路厚德里1号,只营批发业务。1929年6月,《世界周刊》出版,由春野书店经售,不久遭当局查禁。1929年10月,春野书店与创造社出版部均因国民党对于出版物的从严审查而被相继查封。1930年左翼作家联盟成立,太阳社成员全部加入左联,继续他们的革命文学理想。

仅出版7期的《太阳月刊》

夏衍译日本金子洋文著《地狱》

文学期刊《荒芜地》

中国旅行社（1927—1954）

1923 年，银行家陈光甫创办的上海商业储蓄银行（简称上海银行）成立旅行部。随着接办旅行业务快速发展，1924 年从宁波路总行内迁到四川路 114 号（后门牌变更为 420 号）独立营业。1927 年该部改名中国旅行社后申请到第一号旅游业执照，成为中国首家也是规模最大的旅行社。早在上海银行旅行部时期，曾出版过《游川须知》《东三省旅行指南》等旅游指南书。

中国旅行社自成立之日起就同时开始其独立的出版业务。最重要且发行最持久的便是《旅行杂志》。该杂志自 1927 年创刊，前两年为季刊。1929 年聘请《申报》记者、编辑赵君豪担任主编，并出版月刊。1942 年 12 月在上海停刊。同年 8 月，迁往桂林的中国旅行社继续出版《旅行杂志》，桂林版出版了 23 期。1944 年，再转往重庆出版，前后出版了 19 期。1946 年回到上海复刊，一直出版到新中国成立后的 1954 年 7 月。《旅行杂志》总计出版 300 多期。茅盾在桂林时曾主编过《旅行杂志》半年时间。

《旅行杂志》不只刊登有关旅行的各种信息，还兼顾摄影、游记、小说等文艺题材，成为一种供旅途中阅读消遣的读物。依靠中国旅行社在各地数十家网点的推广，《旅行杂志》每期发行量能达数万册，成为民国时期影响很大的一份杂志。

1929 年，为配合杭州西湖博览会，出版《西子湖》，以后此书改版为《杭州导游》。1931 年起，中国旅行社开始出版旅游指南性质的"旅行丛书"，第一种为《首都导游》，以后陆续出版《桂林导游》《莫干山导游》《上海导游》《南岳导游》《西北导游》《四川导游》《昆明导游》《南洋导游》《桂林导游》等，1941 年出版《中国旅行手册》。抗战胜利后新编《南京导游》《无锡导游》《北平导游》《嘉兴导游》《庐山导游》《台湾揽胜》等。

《旅行杂志》在桂林出版时期，曾出版旅行杂志丛刊数种，有《西北行》（二集）、《皖南旅行记》《川康游踪》《欧美采风记》等，收录茅盾、洪素野、易君左、沁明女士等人撰写的各地游记。中国旅行社还出版多种名人游记,有褚民谊《欧游追忆录》、宋春舫《蒙德卡罗》、赵君豪《南游十记》,另编辑《当代游记选》《旅行谭荟》等。1934年,张恨水在《旅行杂志》上连载两年的长篇小说《似水流年》(上下册)在中国旅行社出版。该书讲述一个青年求学求业求恋的故事,书中有旖旎风光,温馨凄艳,结构曲折且出人意料,"情深处使人悠然神往,哀感处使人悲从中来"。由于读者踊跃,在单行本出版之前,就由天一影片公司将其拍成电影。

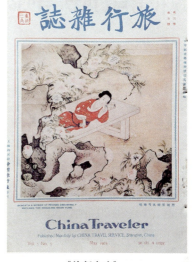

《旅行杂志》

从一家银行的附属机构发展到一家独立的大型旅行企业,从为公司宣传推广为目的起步发展到出版行销市场的杂志书籍,中国旅行社成功的出版实践也体现了金融家陈光甫的与众不同的文化修养和商业智慧。

"旅行丛书"之《莫干山导游》

宋春舫游记第一集《蒙德卡罗》

现代书局(1927—1936)

现代书局加入新书店行列的时间并不太早,但凭借创办人洪雪帆在政商两界的关系以及经理人张静庐在文化出版界的深厚背景,他们很快在书业内崛起,并且在20世纪30年代一度成为"全国唯一之新书店",不愧是民国时期上海这个摩登都市中的摩登书局的代表。

宁波江北籍人洪雪帆创办现代书局之时,只是一个有从政经历的二十七八岁的有文艺情怀的年轻人,在之后的经商历程中始终展露出他过人的才能。

光华书局的参与者张静庐显然并不满足只出版文艺类书籍的现状,他希望能有机会打造一个社科和文艺等各方面书籍杂志并存的更大的出版平台。他听从了同乡洪雪帆的召唤,然而两人最后不欢而散的结局却不由令人唏嘘。

1927年7月,现代书局对外宣布成立,以一万元资本金开始其出版业务,设址四马路(今福州路)95号两层楼内。书店发行党义、文艺、国学、政治、经济、两性问题等新书,可以看到书局有颇为广阔的出版愿景。

书局创办不久,即出版由叶灵凤、潘汉年主编的《现代小说》。1932年出版施蛰存、杜衡主编的大型文学月刊《现代》。重视期刊的出版发行工作是现代书局顺利发展的一大原因。书局成立专门的杂志部负责推广宣传工作,不但前后自行出版20余种期刊,还利用其分布全国各地的分店,代理经售全国范围出版的各类期刊,包括销量有限的科学类刊物。他们还编印全国杂志一览表分赠读者,营销能力超出其他书局。1932年至1935年是出版界所谓的"杂志年",现代书局是这一时期表现最为抢眼的杂志出版发行机构。张静庐离开现代书局后自办上海杂志公司,所经营的业务与此如出一辙。

成立针对各类读者群体的读书会,也是现代书局的另一种营销策略。洪雪帆、张静庐以及股东虞洽卿等人在宁波同乡会中有广泛的人脉,他们利用儿童读书会在同乡会所办的十所学校中大力推广儿童读物,并以此发展新会员参加。

现代书局在书籍出版方面也颇为激进，许多带有政治敏感性的作品，只要受到读者的追捧，他们便无忌讳地照样出版，以至于书局有大量包括鲁迅、阿英、蒋光慈、田汉、丁玲、郁达夫等人所著译的图书遭到查禁，而洪雪帆依然能数度化解困境，带领书局前行。为应付不断的诉讼检查，书局一度同时聘请沪上五位名律师担任法律顾问。

从1927年成立到1934年七年多时间里，现代书局始终保持着不断扩张的势头，出版书刊总计300多种，门市部从一开间扩展到三开间，还在海宁路顺征里设立总办事处，在西门方斜路设立分店，更在全国十几个大城市开办分局。书局股东数量也不断增加，1931年书局成立五周年时，已吸收王晓籁、潘公展、虞洽卿、吴经熊、徐朗西、袁履登等众多社会名流入股，股本扩充至十万元。即便在1934年3月张静庐被迫离开后，洪雪帆依然没有停止扩展业务的努力。5月，他同洪深、施蛰存等几位期刊主编以书局名义宴请沪上文化艺术界人士50余人，汇报书局历年的出版业绩，并公布将来的出版计划，以此争取文艺界的更多支持，并在读者中产生良好的新闻效应。

然而谁也不曾想到张静庐离去的不良后果还未曾发酵，创始人洪雪帆却在1934年11月突然得病离世，年仅36岁。此后尽管临时任命汪长济担任经理主持业务，但以徐朗西为首的书局董事会对未来经营明显透露出比较消极的态度。洪雪帆去世当月，董事会便公布出售书局印刷厂的所有设备，停止了重要的印刷业务。1935年6月，书局召开临时股东会商议账目后续处置问

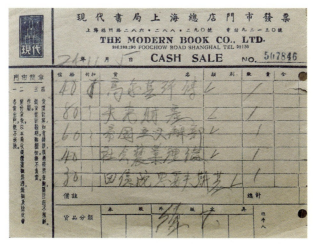

1935年总店门市发票

题,年底汪长济辞去经理一职,现代书局基本处于停滞状态。1936年5月,开明书店向现代书局的债权人正和纸号购得张资平、郁达夫、郭沫若、茅盾、洪深、赵景深等人16部著作的版权。这表明现代书局的财产已被清算。1936年底,福州路中市的东方图书公司举行现代书局底货大拍卖,所有库存新书均2—4折销售,这也向外界宣告了这"唯一的新书店"的消亡。

洪深著《五奎桥》

胡春冰著《爱的革命》

新月书店（1927—1933）

新月书店是成立于北平的知名文学社团新月社在上海的延续,有了该社在北平活动了多年的基础,迁往上海另起炉灶自然会顺风顺水。

新月书店正式开张前几日,全体创办人在上海报纸上发了一个启事:

我们许多朋友,有的写了书没有适当的地方印行,有的搁了笔已经好久了。要鼓励出版事业,我们发起组织新月书店,一方面印书,一方面代售。预备出版的书,都经过严密的审查,贩来代售的书,也经过郑重的考虑。如果因此能在教育和文化上有点贡献,那就是我们的荣幸了。

创办人　胡适、宋春舫、张歆海、

张禹九、徐志摩、徐新六、吴德生、余上沅同启

告示的内容很平淡,但最后由胡适领衔的这个团队名单却是极有分量的。1927年7月1日,新月书店在上海法租界的麦赛而蒂罗路(今兴安路)159号开张后,果然很快在出版界掀起一股文艺浪潮,席卷上海乃至全国。新月书店选择开张的日子,恰好是胡适迁居上海后不久,所以胡适很有可能参加了当天的开张仪式。

书店开张后不久迁入附近的华龙路(今雁荡路)华龙里内,但书店经理余上沅很快发现这个略显静僻的地方显然不方便读者购书。于是在第二年年初,书店便迁往望平街(今山东中路)161号,这个区域书店林立,距离福州路仅几步之遥,对于新月书店的发展可谓如虎添翼。

包括胡适、梁实秋、徐志摩、沈从文、陈梦家等在内的各界文化名流,热情投入新月书店的出版事业。书店最初推出徐志摩的诗集《翡冷翠的一夜》、散文集《巴黎的鳞爪》、与沈性仁合译的《玛丽玛丽》,梁实秋的文艺论文集《浪漫的与古典的》《骂人的艺术》,以及潘光旦、沈从文、陈学昭等人的作品。

1928年是新月书店出版的高峰期,这一年出版了胡适的《白话文学史》、

梁实秋的《文学的纪律》、徐志摩的《自剖》《志摩的诗》、陈西滢的《西滢闲话》、陈衡哲的《小雨点》、潘光旦的《人文生物学论丛》、闻一多的《死水》、沈从文的《阿丽斯中国游记》、陈铨的《天问》、卫聚贤的《古史研究》等一大批经典著作。这些作品在以后几年里多次重印。这一年3月开始，还出版了《新月》月刊。这份由徐志摩主编的文艺期刊，一直出版到1933年的第四卷第七期，也成为现代出版中一份较具影响力的杂志。

新月书店从一开始便以股份制企业的方式开展经营，书店发行自己的股票，定期召开股东会议，公布业绩及利润分配方案，这也是股东们积极支持和书店业务发展迅猛的原因。

1930年初，新月书店再次迁移，搬到位于望平街东侧的福州路95号，此后一年内，遭到国民党党部宣传部门的几次查处。先是认定胡适在《新月》月刊上有诋毁国民党的言论进行处罚，查封书店，撤销胡适中国公学校长一职，剥夺胡适在政府中的任职活动权利；后又认定书店发行《时代评论》有抨击国民党及颠覆政府的意图，而且该刊未做出版物合法登记，予以罚没。

1931年初，为了提振业务，新月书店发起成立了三五读书会，以聚集书店人气，了解读者的阅读需求，调整出版方向；另外也期望通过收取会员费的方式增加营收，但此举仍然无法解决经营上的巨大困境。店方通过徐志摩出面邀请邵洵美来接收管理，虽然邵洵美出资并试图扭转局面，但效果并不明显，而此时邵洵美正为《时代》画报的创办投入相当多的精力财力。

1931年底，徐志摩不幸坠机身亡，第二年上海爆发淞沪抗战，都对新月书店的衰败产生作用。1933年8月，已无意维持的新月书店成立以胡适、邵洵美、潘光旦为代表的清理委员会，并发布告示将书店所有存书及纸型和版权出让给商务印书馆，通知著作人一律按10%的版税同商务印书馆另立合同。

徐志摩诗集《翡冷翠的一夜》初版本

梁实秋著《骂人的艺术》　　储安平编《中日问题与各家论见》

新亚书店(1927—1954)

新亚书店的创办人陈邦桢,早年曾担任过江南图书局和江南学社的主任。江南学社1923年停业时,陈邦桢负责该社存货及版权出让给文明书局一事。另据老出版人朱联保回忆,陈邦桢原是中华书局分局经理,先独资办新亚书店,后由薛德炯、薛德焄、吴载耀等人共同投资改为股份公司。

1927年,陈邦桢联合一批学界人士开办新亚书店。书店的出版定位并非当时行销市场的新文化读物,而是策划了政治时事、科学教育、生活常识等门类的大量挂图。这种剑走偏锋的独特思路,使新亚书店从最初四马路上一间不起眼的门面,发展成全国最大的出版挂图的机构。

新亚书店最初设立于四马路昼锦里东首(今福州路山西路东)60号,斜对面是营业至今的老字号杏花楼。不久便在麦家圈(今山东中路)尚仁里内增设发行所,并成立新亚挂图公司专营各类挂图。以后又在山西路26弄内再租房屋作为库房。1937年底,为扩大经营,他们将福州路上的发行所迁往棋盘街(今河南路)159号新楼内,一直营业至新中国成立以后。

最初几年,除了1928年出版《新国民年鉴》和1929年为配合西湖博览会的《西湖博览会指南》以外,新亚书店编绘了大量用于学校教育的各类挂图,内容有关三民主义、五权宪法、中国革命运动史、中国国民党对外政策、国民政府建国大纲、总理遗嘱、日本对中国的"二十一条"要求、不平等条约、中国国耻纪念、各国侵略中国政治史等。这些图片用五彩精印,配大字详解,尺寸宽大,非常形象地反映了国民政府成立后的国内外形势,非常适合在学校机关进行宣传教育工作,尤其在培养激发学生的爱国主义思想上起到良好作用。

此外,他们还出版用于国语、国文、音乐、历史、地理、算术、卫生、体育、自然等各科教学用的图表,三四年内数量竟高达300多种,行销全国,深得各界赞许。还印发了一些不法书商的盗版事件。1931年"九一八"事变发生后,书店立即出版了抗战形势以及军事训练的挂图,配合政府的抗战宣传。

1932年,国民政府颁布新课程教学规定,新亚书店开始进军教科书市场。由于他们在绘图印刷方面积累的经验,使得编印的书籍也颇有特色,如《初中生理卫生》中所附的人体解剖图,印制完善精美,通俗明了。新亚书店的教科书出版业务进行得非常顺利,各类教科书覆盖小学、中学甚至大学的部分课程。他们在绘画、手工类等课程教材方面也独树一帜,享誉全国。他们邀请陈建功、苏步青、吴在渊、薛德炯等一批学者,编译了一套五部数学系列辞典,包括《几何学辞典》《三角法辞典》《代数学辞典》《续几何学辞典》《算术辞典》,于1935年出版。这套书因内容详尽,编排合理,既可以当教师的工具书,又可以做学生的辅导书,乃国内首创。

新亚书店富有特色的出版业绩引起社会各界的关注,也得到国民政府的重视。1935年5月17日,国民政府主席林森特意前往福州路新亚书店参观,店员出示了最新出版的科学和教育类的挂图,林主席对之深加赞许,并当场购买《新生活图表》《公民教育图》《动植矿物图》《儿童模范故事图》《爱国故事图》《儿童习惯图》等多种,吩咐书店邮寄到他家乡福州的一所小学。

抗战期间及战后数年,新亚书店持续其挂图和教科书的业务。1942年,书店还曾经销售过金山吴氏一批美术类藏书。1943年,代理销售教育用标本及仪器。1947年,接受教育部委托,印售国定教科书的配套挂图。新中国成立后,新亚书店持续营业至公私合营时期。店主陈邦桢还作为上海书店业代表参加了1950年在北京举行的第一届全国出版会议。

《小学自然科学习图鉴》

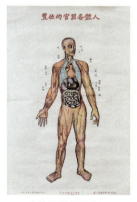

人体器官挂图之一

徐悲鸿题名《中西画学纲要》

中央书店(1927—1954)

民国时期的出版商中,平襟亚是少见的既能写作又善经营的一位。他虽然少年时便经历磨难,但勤奋好学,机智聪慧,靠自己编著的畅销作品跻身出版界。成名后依然不改苦学作风,还考出律师执照,对外执业。

从20岁落脚上海滩这个光怪陆离的繁华都市以后,平襟亚就对出版业发生了浓厚的兴趣,在创办中央书店之前,他至少组建或参与过"襟霞阁图书馆""东南书局""东亚书局"以及"共和书局"的出版经营活动。开办中央书店后,他还同时以"万象书屋"和"万象图书馆"等招牌经营出版。

平襟亚最佩服的出版人是世界书局的创办人沈知方。他俩从相互争斗到最终惺惺相惜而化敌为友,以后在出版事业中沈知方成了他的良师益友,两人之间保持着长期的合作关系。就看他所用的"东亚书局""中央书店"的店名,也能看出与沈知方所办的"世界书局""中华书局"之间的相互呼应。而他接受沈知方建议推出的20世纪30年代中期在图书业风行一时的"一折八扣"标点书,也一度为中央书店带来颇丰收益。1933年,因规模扩展,中央书店从原来麦家圈青云里内搬至四马路(今福州路)世界里6号,此处正是沈知方的世界书局所购建的地产。

平襟亚一生编书、著书、办杂志数量众多,一时已难以统计,以下简述其中最重要的几项成就。

1919年编《中国恶讼师》,此书初版三千册的费用全靠平襟亚向亲友借贷以及向印刷所赊账,不料出版后竟被各地书商一扫而空,收回的书款不仅还清借贷,还有数百元盈余。平襟亚当即决定再版五千册,并撰写续集,此书后来一共写了四集,再版多次,仅第一集就在当年赚得三万多元,这是平襟亚在出版业的第一桶金。

1926年平襟亚得罪沪上女名人吕碧城,为躲避官司而避居苏州,在此他根据自身的经历发愤写作,以上海都市为背景写成50回总计50万字的社会小说《人海潮》。在好友沈知方、李春荣的帮助支持下,这部长篇小说印成五厚册装一锦匣在上海发售。《人海潮》不仅在报纸上大作广告,而且得到大量社会名流相助,袁寒云为此书题签作序,李根源作扉页题名,郑逸梅校订,胡亚光、张狄寒绘插图;此外另由钱芥尘、程小青、张秋虫作序,题词者还有杨了公、王小逸、顾佛影、赵眠云、范君博、郑逸梅、范烟桥。此书畅销上海及全国各省,半年内总计发售5万部,盈利逾10万元。《人海潮》不仅使平襟亚成为一名通俗文学的名家,而且为他创办中央书店打下坚实的根基。

1941年在"孤岛"时期的上海,平襟亚以万象书屋名义主持创办《万象》杂志。这份文艺月刊先后由陈蝶衣、柯灵担任主编,开本采用别致的正方形,受到市民大众的追捧,创刊号一个月内连印六版3万余册,以后数期也多次重印。这种热烈现象一举打破海上文坛的沉寂,成为沦陷后的上海市民的重要的精神食粮,也成就了出版业的一个奇迹。

中央书店的经营风格颇似广益书局、世界书局,用的是纯市场化、商业化的策略,以较低成本制作,以较通俗的内容来吸引普通民众的书籍消费,虽然出版物门类齐全,销路亦不错,但缺乏经典之作。新中国成立后,中央书店加入通联书店,经营至1955年出版业公私合营后结束。

平襟亚曾将张爱玲小说《心经》《琉璃瓦》和《连环套》发表在《万象》杂志上,后两人因稿费问题发生误会而合作中止。1950年平、张两人共同参加了上海文代大会,此后不久张爱玲离开大陆赴港,再定居美国,两人再无交集。而张爱玲自1966年后的所有作品,恰巧由平襟亚的侄子平鑫涛所办的台北皇冠出版社独家出版,这也是发生在平氏家族两代出版人之间的一段逸话。

平襟亚小说《人海潮》

金小楼著《小楼春暖》

《哈同花园秘密》

金屋书店/中国美术刊行社/第一出版社/时代图书公司(1928—1950)

邵洵美(1906—1968)在英法留学期间爱逛书店,对印制精美的各种书籍心生欢喜。回国后,他即加入文学社团狮吼社,在进行文学创作的同时,也接触了书刊编辑和出版工作。从1928年起,他开始投身出版事业,从此便一发而不可收,直到1950年他的时代书局在北京关闭。20多年间他前后经办了四家书局,并在1931年至1933年间接手新月书店的经营管理。他用"我是一个差不多终身从事出版事业的书傻子"来评价自己,是准确可信的。

1928年3月,邵洵美、毛东生等人在静安寺路(今南京西路)靠斜桥路(今吴江路)口开办金屋书店。首批出版邵洵美文集《火与肉》和《一朵朵玫瑰》、滕固小说集《平凡的死》、张若谷评论集《文学生活》、章克标翻译剧本《爱欲》等书籍,同时出版《狮吼》杂志。

一年以后,在沪上文艺界、出版界已有"相当价值"的金屋书店搬迁至望平街(今山东中路)6号,此时书店已经出版了包括滕固、黄中、章克标、王任叔、沈端先、洪为法、杜衡、张若谷、傅彦长、梁宗岱、倪贻德等多位作家的著译作品。1929年1月发行文艺期刊《金屋》月刊。1928年9月,郁达夫特地往金屋书店拜访好友邵洵美,可惜未遇,只好留信一封,此信被刊登在《狮吼》半月刊上。1929年底,邵洵美的好友曾朴将他所办的真美善书店迁入金屋书店内联合经营。

1930年10月,邵洵美决定将金屋书店撤销,并入南京路日新里486号中国美术刊行社新址内。具体原因有三:一是金屋书店的经营长期亏损,并无利润;二是邵洵美在此前受新月书店邀请接管该店并作了一定投资;三是邵洵美决定加入张光宇、叶灵凤、张正宇等人合办的中国美术刊行社,并参加该社创办的《时代》画报的编辑工作。中国美术刊行社以后先后搬到九江路中央大厦二楼19号、福州路95号。1931年秋,购入最新式的德国影写版印刷机用于《时代》画报等书刊印刷。据其女邵绡红介绍,这套设备包括两层楼高的一台印刷机、照相设备、磨铜机、镀铜机等,直至20世纪50年代初期,中国仅此一套。

1933年11月起,邵洵美等对中国美术刊行社进行增资改组,改名为时代图书股份有限公司,简称时代图书公司。时代图书公司在张光宇等人主持下,除了出版文学艺术为主题的书籍之外,还发行《时代画报》《万象》《论语》《时代漫画》《时代电影》《十日谈》等杂志,体现了20世纪30年代上海出版业的繁荣面貌。

1933年10月,邵洵美在平凉路平凉村26号创办第一出版社,先后出版发行《十日谈》《人言周刊》杂志,1935年8月出版中英文《声色画报》,由项美丽、邵洵美担任主编。第一出版社出版了邵洵美的《一个人的谈话》、朱维基的译作《失乐园》;1934年6月开始出版"自传丛书",包括《卢隐自传》《从文自传》《资平自传》《巴金自传》等,原计划传主还有其他多人,惜后来没有完成。

1935年8月,时代图书公司再次改组,更名上海时代图书公司,张光宇、叶浅予、张正宇等负责人脱离该公司。与此同时,平凉村内的第一出版社也宣布并入改组后的上海时代图书公司。1936年初,公司从福州路山东中路口搬至法租界霞飞路(今淮海中路)240号,经营至1937年"八一三"事变发生。曾拟出版由梁得所编《抗日战事画刊》,未见印行。

抗战期间,邵洵美与项美丽合作创办《自由谭》月刊。他还帮助中共完成毛泽东《论持久战》单行本在上海的印刷发行任务。

1946年10月,停业九年多的上海时代图书公司宣布复业,并改名时代书局。总局设在平凉路21号,发行处在福州路324号。复刊《论语》、出版抗日画册文献和"中国唯一影写版图画杂志"《星象》。

1949年后,时代印刷厂的德国设备被人民政府征用,邵洵美携家眷和部分技术人员也随之一同进京落户,打算继续发展出版事业。后因出版

1928年初版邵洵美诗集《火与肉》(金屋书店)

物中有托派人物作品遭到批判,邵洵美受到打击后心灰意冷回沪,再不涉足出版。

1934年初版《庐隐自传》(第一出版社)

曹涵美画《金瓶梅全图》最早版本(时代图书公司)

第一线书店/水沫书店/东华书局/（1928—1935）

留日多年的刘呐鸥是新感觉派的实践倡导者，他和好友施蛰存、戴望舒、杜衡一起在1928年办了第一线书店，地址设在北四川路（今四川北路）宝兴里142号。这四个朋友当时一时兴起，由刘呐鸥写了店名，弄了块招牌挂在门口，便开始做起了出版业务。第一线书店出版了杜衡的《石榴花》、胡也频的《往何处去》、黄嘉谟编的剧本《断鸿零雁》，从内容来看均不落俗套。尤其是他们编了一种名为《无轨列车》的文学期刊，追求创新的文艺形式，颇具意义和价值。

可是因为这次办出版太过随意，连必要的注册登记都没有，很快被当局查令禁止。于是他们换个地方办了水沫书店。

水沫书店设址在北四川路公益坊一条普通的石库门里弄内，在1929—1930年间，水沫书店出版了不少好书，其中多为翻译海外作品。由冯雪峰主编的"科学的艺术论丛书"，得到鲁迅的支持并参与其中数种编译工作。其他译作有刘呐鸥译马克思主义艺术理论名著《艺术社会》、杜衡译《革命底女儿》、冯雪峰译《新俄诗选》、戴望舒译《爱经》、林疑今翻译雷马克新作《西部前线平静无事》、李一氓译《世界经济与经济政策》、沈端先译《在施疗室》等。水沫书店还出版了柔石、刘呐鸥、施蛰存、姚蓬子、林微音、徐霞村等作家的创作文学作品。丛书有"水沫丛书""今日文库""新兴文学丛书"等。

为更好推广宣传自己的出版物，水沫书店还出版过一种《新文艺》月刊，以发表小说、新诗、散文为主，创作和翻译作品各半，该刊在1930年4月出版8期后停刊，原因是"内则受了执笔人不能固定的影响，外则受了暴力的睥视的影响"。这个说明暗示了因发表左翼作家的文章而受到政治压力的状况。

1930年3月，由于书店的出版销售情况良好，水沫书店在四马路望平街口（今福州路山东路口）新设发行所，保留公益坊内作为函购部。

水沫书店经营到了1931年初，刘呐鸥出现资金困难无力维持。施蛰存等

文学期刊《无轨列车》(第一线书店)

不愿就此歇业,曾以东华书局之名继续出版业务。他们还委托律师丘汉平为法律顾问,公布了财产及版权的转移启事。东华书局一度想以出版教辅、工具书等方式来缓解原来水沫书店产生的财务危机,但效果似乎不好,又加之不久中日交战,便彻底停止了经营。

施蛰存自始至终参与了这几家书店的日常经营,不仅参与书籍、刊物的编辑、校对工作,还出版了他创作的小说《追》《上元灯》、翻译作品《一九○二级》等。1932年,施蛰存应张静庐之邀为现代书局主编文学期刊《现代》,使之成为出版史和文学史上都比较重要的一种刊物。

水沫书店的存书,在1935年曾交开明书店举办过一次特价售卖,以后这家出版机构便销声匿迹。

冯雪峰译《文学评论》(水沫书店)

施蛰存编《全国女学生文艺》(东华书局)

大江书铺(1928—1934)

1928年9月9日晚,设在北四川路(今四川北路)东横浜路景云里4号里的大江书铺发起人陈望道、施复亮、汪馥泉、冯三昧等人,假座爱多亚路(今延安东路)上的都益处举办开幕晚宴,出席者有郑振铎、章锡琛、傅东华、谢六逸、王世颖、赵景深、许德珩、胡仲持等数十人,宾主欢聚畅饮,气氛热烈,以此拉开了大江书铺将近五年的出版事业。

以陈望道为经理、施复亮为编辑主任的大江书铺在出版经营方面做了充分的准备工作。大江书铺最早的出版物是由李叔同的学生裘梦痕所编的音乐教材《中等学校唱歌》,而他的同窗好友丰子恺随后也在大江书铺出版过《生活的音乐》《音乐的听法》两本译作。几个月后,便有一批名著名译出版,作者包括景云里的邻居鲁迅、周建人、茅盾等人。出版译作有鲁迅《艺术论》《现代新兴文学的诸问题》两部,此后在1931年还重印了鲁迅翻译的法捷耶夫长篇小说《毁灭》;其他译作有周建人译《生物进化论》、谢六逸译《近代日本小品文选》和《接吻》、夏衍译《母亲》、傅东华译《两个青年的悲剧》、陈雪帆译《苏俄文学理论》、冯雪峰译《现代欧洲的艺术》等。出版创作则有刘大白《白屋说诗》《中国文学史》《文字学概论》、茅盾《野蔷薇》《宿莽》,汪静之《父与女》,丁玲《韦护》,陆侃如、冯沅君《中国文学史简编》等。由于大江书铺的四位发起人均为浙江人,浙江籍作者所占比例也较大。

大江书铺的主持人陈望道和施复亮同时也是重要的作者。陈望道出版有其代表作《修辞学发凡》,以及翻译作品《文学及艺术之技术革命》《艺术简论》,他还同施复亮合译《社会意识学大纲》;施复亮翻译有《社会进化论》《世界史纲》《资本论大纲》《新财政学》《近代社会思想史要》《工会运动的理论与实际》(后两种与钟复光合译)。

大江书铺在1928年办《大江月刊》,惜仅出版三期,每期都刊有鲁迅的文章。1930年,鲁迅又为其主编《文学研究》季刊,仅出一期便被政府查禁。

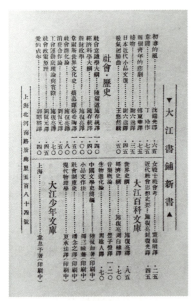

大江书铺部分新书目录

1929年6月,大江书铺迁往狄斯威路(今溧阳路)963号沿街小洋楼内。1930年又在广东路宝善里501号设批发所。1931年3月再迁往河南北路景兴里584号办公。这三年里业务相对稳定。

大江书铺在经营上也采用股份制的形式,1931年5月发生过因股东授权监事查账而导致的投资人和经营者的冲突,为此代表股东方的吴梓权、吴泽春等和代表经营团队的施复亮、陈望道、冯三昧等各自登报主张权利。

大江书铺有多种代表左翼思想的进步书刊不断被列为禁书,由此也影响到经营,乃至产生业务亏损。1933年下半年起实际上已停止经营,陈望道则受聘往安徽大学任教。1934年2月,大江书铺经董事会决定盘让给开明书店。

丰子恺译《音乐的听法》

夏承法译《现代物理学》

春潮书局（1928—1931）

春潮书局的创办人张友松（1903—1995）是一位经历坎坷的出版人和翻译家。书局的名字与他翻译的屠格涅夫诗集《春潮》相同，该书1928年6月由上海北新书局出版。当时张友松在北新书局任编辑，不久后因支持鲁迅索要稿费而离开并自办春潮书局。由此他与鲁迅的关系更为亲密，《鲁迅日记》中有一百多处提及张友松系有力证明。春潮书局开办及经营均得到鲁迅不遗余力的支持，鲁迅不仅借钱给张友松筹办新书局，还为他写稿、组稿。《春潮》月刊上有多篇鲁迅的作品。鲁迅将柔石的《二月》和叶永蓁的《小小十年》推荐给春潮书局出版并为之作序，还将协助许广平翻译的《小彼得》由朝华社改到春潮书局出版。

春潮书局开办之时，正是一批关注推广新文化运动的小型书局雨后春笋般涌现之时，上海出版业处于黄金时期。年轻气盛的张友松对此充满着激情，1929年4月，开业半年的春潮书局在《申报》发表长篇宣言，从著作人、读者与出版商各自的立场分析出版业的现状和种种弊端，呼吁三者联合起来，共同振兴出版业。

春潮书局1928年10月创办时地址在施高塔路（今山阴路）四达里内，1929年初书局搬迁到四川北路东宝兴路口，同时他们联合乐群书店、南强书局和昆仑书店在四马路（今福州路）上开设四书局联合门市部，以促进销售。同年书局邀请何公超担任营业主任，负责宣传推广并兼及编译工作。

出于个人兴趣，张友松对外国文学以及社科方面的作品尤为关注。春潮书局先后出版的翻译著作有周谷城译《战后世界政治之关键》、陆一远译《马克斯主义的人种由来说》、林语堂译《易卜生评传及其情书》、夏康农译《茶花女》、江绍原译《新俄大学生日记》、徐霞村译《近代西班牙小说选》、张太白译《英国帝国主义的前途》等。原创作品有沈从文的《雨后及其他》、孙席珍的《到大连去》、陈醉云的《玫瑰》等。

张友松本人继续外国文学作品的翻译工作。在经营春潮书局期间,他翻译著作有显克微支的《地中海滨》、卜赫佛的《曼侬》(与石民合译)等在本局出版。与此同时,他还有《茵梦湖》《婚后》《三年》《如此如此》等多种译作在北新书店、开明书店等印行。

春潮书局在 1930 年印行适合初、高中学生英文学习辅导用的《活页英文选》,此种出版物"因其广集名家著作,具备种种文体,各篇独立,长短任选,文字内容俱以适合中学生之心理与兴趣为标准,……堪称为我国中学英文教材之大革新"。因销路颇佳,在春潮书局倒闭后,此书版权转让给神州国光社继续出版。

尽管抱有一腔热情投身出版事业,但张友松毕竟经验不足且缺乏经营能力,春潮书局到 1931 年便无力维持而关闭了,他以后只得辗转各地担任中学教员以谋生。抗战时期,张友松曾在重庆办过一家晨光书局,出版有几种注释英文文学读物。晨光书局在抗战胜利后还曾迁往上海经营过一段时间。

叶永蓁著《小小十年》

孙席珍著《到大连去》

张友松译《地中海滨》

乐群书店(1928—1931)

张资平(1893—1959)1922年毕业于日本东京帝国大学地质系,这位理科男热爱写作,在日期间与郭沫若等发起成立创造社,回国后竟成了名震文坛的文学作家。他1928年离开创造社出版部后,同周毓英和堂侄张尚武等人募集资金开办乐群书店,跻身当时如火如荼的出版业。

1928年9月,位于北四川路吟桂路(今四川北路秦关路)德恩里19号的乐群书店发布新书预告。在首批出版物中,有张资平的小说《上帝的儿女们》《柘榴花》和翻译作品《遥远的眺望》《草丛中》,其他还有陈豹隐、郭沫若、金石声、周毓英等人的著作。随后几年内,乐群书店继续出版张资平著译编的《素描种种》《平地风波》《某女人的犯罪》《文化社会学》《近世社会学成立史》《文艺概论》《现代世界文学》等;《资平小说集》原计划出版六集,后只出了第一集。显然张资平本人的作品在书店经营中起到了至关重要的作用。

1928年底,乐群书店在福州路中西大药房隔壁522号古董店楼上设立发行所,此处后来有春潮书局、南强书店、昆仑书局一起加入成为四书局联合门市部。

1929年元旦,张资平自任主编文艺杂志《乐群》半月刊创刊,他称之为"中国现代最伟大的纯文艺杂志",他邀请日本名画家设计封面和绘制插图,又组织几十位名作家为之撰稿,每期刊文十多万字;张资平保证至少两篇文章,两万字以上。创刊号发表探讨世界诗坛专题文章一组,另刊有高尔基文《论无产作家》、谢声译《英国小说史》以及张资平、周毓英、洪畛等人的小说。该刊出版十多期后,1931年5月更名为《洛浦月刊》,仅出版一期即停。

张资平在东京帝国大学的校友陈豹隐(1886—1960,笔名勺水)是《资本论》中文版的最早翻译者,他是《乐群》月刊的主要执笔人,也是乐群书店的重要合作者,他著译编多种书籍在乐群书店出版,内容涉及文艺、社会、政治、经济多方面,有《恋爱舞台》《白鼻福尔摩斯》《酱色的心》《日本新写实派代表杰作集》《新的历史戏曲集》《高尔基的回忆琐记》《经济学大纲》《经济现象的体系》《新政治学》《科学的宇宙观》等。

乐群书店开业一年经营良好，1929年9月张资平又在四川北路前创造社的旧址内开了一家环球图书公司（又名环球书店）作为分店扩大经营，只一年多即关闭。1929年底，乐群书店从秦关路迁至四川北路永安里135号。1930年后，政府对出版物加强监管，张资平本人著作和乐群书店经营的书籍屡次遭禁。1931年上半年，乐群书店被国民党中央党部查封，虽启封后照常营业，但书店已渐入困境，第二年便停止营业。1937年，张资平从河北唐山回到上海，入商务印书馆担任编辑，这一时期沪上曾有一家新生书店重版过几种张资平的旧作，该店或同张资平有关。

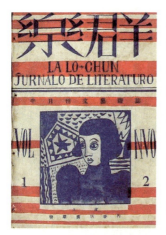

《乐群》（前四期为半月刊）

《资平小说集》（未能按原计划出齐）

陈豹隐译《经济学大纲》

芳草书店(1928—1931)

芳草书店的主人黄中与作家滕固既是上海宝山县同乡又是同窗校友,他俩又同为文学社团狮吼社的主要发起人,因此关系十分密切。

邵洵美筹办金屋书店时,安排黄中担任营业部主任,金屋书店也出版过黄中的两部小说《三角恋爱》《妖媚的眼睛》。但黄中只干了没几个月,1928年11月以芳草书店名义出版了他自己的小说集《红花》,以后芳草书店陆续出版章克标小说《一个人的结婚》、滕固小说《睡莲》、穆时英小说《交流》和洪为法的长诗《他,她》等。

芳草书店初期借用望平街(今山东中路)6号金屋书店的地址,出版的书籍主要由金屋书店、群众图书公司等经售。1930年4月,黄中租下了福州路60号周郁文的吉羊楼笺扇号旧址开张经营,书店位于福州路中市,正对当时福州路上规模最大的书店中华书局,市口甚佳。

芳草书店对于作家陈白尘来讲是有特殊意义的地方,他1930年6月底从日本返沪后,受黄中邀请到书店当了几个月的门市部账房,不仅解决了养家糊口的燃眉之急,而且还完成了他早年的小说创作如《一个狂浪的女子》《罪恶的花》《渴求异性的慰安》《歧路》等,这些书都通过芳草书店出版发行,但后来他对这些"无病呻吟之作"采取了"不承认主义"。

儿童文学作家陈伯吹初到上海时在师范学校当地理老师,同时写小说补贴家用。他有两部长篇爱情小说《畸形的爱》《寄给爱人的情书》在芳草书店出版。后来他入职儿童书局任编辑,并在郑振铎的鼓励下专注于儿童文学创作。

芳草书店在两年多时间里出版书籍20多种,以小说、新诗、散文等文艺类为主,作者有狮吼社成员滕固、章克标、滕刚等,其他还有穆时英、石佛、王铁华、郭兰馨、洪为法等人。芳草书店的出版物多涉及情爱主题,书店所拟的广告词也常采用极具煽动力的文字,如滕固的长篇小说《睡莲》:"写一把男子做玩物的骄奢淫逸的都市女子,妖媚动人！入浴一节,更妙！"洪为法的《他,她》:"是描写同性爱的抒情长诗。"章克标长篇小说《一个人的结婚》:"大胆的文字,要算这一部是独一了！把隐秘的,罪恶的,什么都说出来。"石佛的长篇小说《恋爱和死》:"写师生的恋爱,是作者亲身经验的一件事实。极尽缠绵哀艳的能事。"

1931年5月,芳草书店因杭炎甫小说《堕落》涉及淫秽色情内容遭到当局查禁,并处罚金100大洋。这一事件似乎对书店打击不轻,到了当年年底,便不见其在出版界的踪影了。

章克标小说《一个人的结婚》

胡行之诗集《风铃》

陈白尘著《歧路》

亚细亚书局(1928—1936)

1928年9月亚细亚书局请胡云翼、孙席珍、赵景深等人编译出版了一批涵盖古今中外文学作品的小册子,这些书后来被重编成一辑十种"文学小丛书",价廉物美,装帧精巧,销路甚好。

1929年出版艺林社编《文学论集》,为"艺林丛刊"之一,收编了胡适、郁达夫、黄侃、张资平、蒋鉴章、胡云翼等名家的文学评论文章。"艺林丛刊"另外两辑分别为《海鸥集》和《秋雁集》。艺林社是胡云翼在武汉就读大学期间,在胡适、郁达夫等人帮助下所成立的文艺社团,曾出版《艺林旬刊》。

作为词学专家,胡云翼主编的"词学小丛书"也是亚细亚书局的一套较为经典的丛书。这套书同"文学小丛书"一样64开本,含《唐五代词选》《女性词选》《宋名家词选》《清代词选》《李清照词》《李后主词》《辛弃疾词》《纳兰性德词》《吴藻词》《词学研究》计10册,封面设计简洁雅观,配一只玲珑的楠木袖珍书箱,既可陈列于书斋,又方便旅行携带。

亚细亚书局初期出版的一批文学作品,如孙席珍《花环》、左幹臣《情人》《创痕》、胡云翼《爱与愁》、黎锦明《蹈海》、陈无闷《宿草》等,如今都难见原版,颇显珍贵。

由罗芳洲主编的"文学基本丛书"介绍中外文学史、文学作品以及基本创作技巧,非常适合在校学生和文学爱好者。该丛书包括《国文学习法》《文章作法》《书信作法》《中国文学史纲》《世界文学史纲》《现代学术思想文选》《现代中国小品文散文选》《现代中国诗歌选》《现代中国戏剧选》《现代中国小说选》《现代世界小说选》等十多种。

1932年出版苏州画家沈子丞编绘,可用作中学绘画教材的《图画教本》一套六册,选画200余幅,用七色写真版机器精印,装订美观。该书发行时请张辰伯、鲁少飞、丁悚、张光宇、谢之光、叶浅予、黄文农等一批名画家助阵宣传。

1935年发行的"基本知识丛书"针对中学生课外阅读,内容系统完整,包括国文国学、政治社会、历史时事、天文地理、生物农学、日用常识等各方面,编者均为各学科专家,有丰子恺、叶圣陶、郑振铎、茅盾、吕思勉、王伯祥、顾颉刚等多人。教育界权威吴研因、周予同、黎锦熙等纷纷题辞称誉。

亚细亚书局在经营期间数次搬迁,1928年成立于闸北大通路培德里,随后在福州路升平楼下设门市部,第二年迁往棋盘街(今河南中路)青莲坊内,1931年又搬至五马路(今广东路)月桂里,1933年4月书局六周年时,搬到河南路交通路口。

亚细亚书局的编辑胡云翼、孙席珍、赵景深、罗芳洲、孙季叔均来自文化教育界。该书局在前后八年的经营时期出版书籍不足百种,但态度严谨,注重质量,书局的自我评价:"数年来竭力经营,谨慎将事,不滥事出版,不肆意宣传,惟以适合文化教育之需要为旨意归……产量虽不多,自信绝无水平线下之恶滥作品。故能风行全国,蜚声海内。"

亚细亚书局在1936年停止经营,书局的经理和发行人唐坚吾1936年担任中国文化服务社的负责人,"基本知识丛书"等也随即改由中国文化服务社发行。

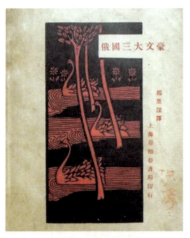
赵景深译《俄国三大文豪》

"词学小丛书"之《辛弃疾词》

南强书局（1929—1936）

南强书局是由广东潮汕人陈卓凡和王鼎新创办的，他俩都是邓演达领导的中华革命党党员，也同共产党人杜国庠、彭湃是留日同学，曾共同组织"赤心社"。

1928年，陈卓凡邀请王鼎新在上海开一间书店，他自任董事长，王鼎新任经理，请李达、杜国庠、柯柏年等人任编辑和撰述人。王鼎新长陈卓凡四岁，参加过辛亥革命、五四运动，也从事过出版和教育工作，书局的编辑、印刷、发行业务由他全权主持，是南强书局实际的当家人。

1928年12月，南强书局筹备处在施高塔路（今山阴路）四达里36号成立。1929年初，在四川北路公益坊38号正式开启经营。1929年5月，南强书局同春潮书局、昆仑书店、乐群书店在福州路中西大药房隔壁古董店楼上合办四书局联合门市部，经营至1931年。

南强书局在1929—1935年间出版书籍近两百种，内容以社会科学和文艺为主题。其中社会科学类书如"新社会科学丛书"，包括陶希圣著《中国封建社会史》、许德珩著《国际政治现势》、秦明编《政治学概论》、樊仲云《世界经济地理》、马哲民著《经济史》、马哲民编《社会进化史》、钱铁如编《社会进化史》、熊得山编《社会思想》、宁敦武编《法学概论》等14种。其他还有柯柏年译《经济学方法论》《辩证法的逻辑》、杨贤江著《新教育大纲》、彭嘉生译《费尔巴哈论》、若俊译《观念形态论》、吴念慈译《史的一元论》、林柏重译《艺术论》、王纯一译《地租论》、丁振一译《经济学概论》《人口问题批评》、蔡丹华编《计划经济》等。

文学及文艺理论类有郭沫若译《屠场》、张资平著《长途》、蒋光慈编《新文艺粹选》、王抗夫译《到城里去》、小莹译《盗用公款的人们》、白薇·杨骚情书集《昨夜》、杨骚译《铁流》《没钱的犹太人》《十月》、夏衍译《新兴文学论》《伟大的十年间文学》、阿英著《怎样研究新兴文学》《中国新文坛秘录》、阿英编著

《高尔基印象记》等。

阿英还为南强书局编写了多种中学生作文辅导用书，有《语体小品文作法》《语体写景文作法》《语体日记文作法》《语体书信文作法及文范》《新文艺描写辞典》（正续编）、《新文艺描写作文法》等。

1932年版《上海事变与报告文学》

总理书局经营的王鼎新还参与编辑工作，他与柯柏年、吴念慈合编《经济学辞典》《新术语辞典》两种。

南强书局的著译者大多是"左联"和"社联"的成员，而他们位于公益坊的办公兼住宿地也成为许多中共党员和进步人士的联络处，阿英、蒋光慈、冯乃超、冯铿等人时常出入此地。所经营的书籍前后被国民党当局查禁20多种。

1937年上海发生"八一三"战事，炮火下的虹口被日军占据，南强书局财产无法转移，而经理王鼎新等被迫避居租界内，书局业务就此停顿。

1929年版《艺术论》

沈端先（夏衍）译《伟大的十年间文学》

中医书局（1929—1955）

1929年6月3日，由沪上中医、出版两界同人合资创办的中医书局正式成立。该书局开办的目的是"集中中医书籍以便利各埠购者，宣传中医文化以提高医界程度"。

书局开业地址在福州路山东路口麦家圈A字1号。在沪上名画家钱寅君的主持下，在秦伯未、方公溥、谢利恒、丁福保等一批名医的支持下，书局开业即生意红火，并且持续发展，成为民国时期规模最大的中医类出版发行机构。

中医书局集中各出版方的两千种以上的医学类书刊，并在图书销售方面列举以下十大特色：

一、凡坊间流行之中医书籍不论石印、铅版、木刻，均有出售；

二、凡各地不易购得书籍均能代办；

三、凡各地团体或私人发行之中医报纸杂志等均可代订；

四、外地向本局订购函收到后一日即可寄出，务求迅速；

五、本地订购者如因事不便前来可来信或托人告知，书局派专人送达；

六、所购书籍价格均于市场一致绝不加价，免除购者通过不同渠道采购而多费时间精力；

七、其他团体或私人出版之中医书籍委托本局代售之手续费较他处更为低廉；

八、购书者对某种书有疑问可函询本局，将详细回复；

九、本局由中医界诸大名医创办，资本充足，实事求是，绝无浮夸；

十、专印书目，分门别类，并注明著者、版式、装订、册数、价格等，新颖易查，具参考价值。

在秦伯未的主持下，中医书局编辑出版了大量医学书籍，包括经籍类、金匮类、伤寒类、温热类、内科类、外科类、针灸类、女科类、幼科类、喉科类、眼科类、生理类、本草类、医案类、方剂类、诊断类、卫生类、杂书类、挂图类、辞典类、杂志类等。至1937年,已出书数百种。秦伯未同时也是书局最主要的作者,他著编的书籍有《实用中医学》《秦氏内经学》《痨病指南》《百病通论》《清代名医医话》《医案精华》《国医小史》等二十几种。其他名中医如丁福保、陆渊雷、时逸人、恽铁樵、陈存仁、胡安邦等也都有著作出版。

中医书局出版了日本汉医泰斗旦波元简倾其毕生精力编著的"聿修堂医学丛书",总共13种20厚册。其他丛书有秦伯未审订的"古本医学丛书"、针对民众普及中医常识的"国医五分丛书"和"国医小丛书"等。

上海中医书局书目

中医书局在成立当年即出版秦伯未、方公溥主编的《中医世界》双月刊,此刊深受海内外医界欢迎,订阅踊跃,每期总有数千份之多。《中医世界》于1934年10月第7卷起改出月刊,一直出版到1937年第11卷第5期因抗战全面爆发而中止。

中医书局因营业十分发达,1930年底迁入山东路13号新址,原有房屋用作货栈及职员宿舍。1933年钱季寅不幸病故后,由程石生继任经理。1937年抗战全面爆发后,书局的出版业务骤减,多以重版书以及代售业务维持,但仍然持续经营了十多年。

《家庭医学杂志》

"聿修堂医学丛书"之《伤寒论述义》

黎明书局(1929—1949)

黎明书局由一批复旦大学学者发起,故在创办初期,被业界认为是一家大学书店,出版专业性强的大学课本和社会科学名著,这一特点与沪上开明书店有相似之处。

1929年6月,黎明书局召开股东大会,推举张廷灏任董事会主席,选王世颖、吴颂皋、张廷灏、孙锡祺、侯厚培为董事,黄维荣、伍蠡甫等为监察人。这份名单中的人员基本来自复旦大学,印证了两者间的特殊关系。书局在南成都路(今成都北路)大德里成立总事务所,徐毓源担任发行人,出版编辑工作则由孙寒冰、伍蠡甫、侯厚培等人主持。

黎明书局是新文化运动以后涌现出来的一大批新书局中发展较为稳定,经营时间也相对持久的一家。作为新书业的后起之秀,黎明书局开局顺利,为拓宽发行渠道,分别在望平街(今山东中路)时事新报馆内和福州路中市的群众图书公司内增设门市部。1932年10月10日,在福州路254号近河南路口(中华书局对面)自办门市部,一直经营至新中国成立后。

黎明书局坚持严谨的出版主张,不随波逐流,始终以介绍新知识,提高读者文化水平为己任,出版物以社会科学、经济学以及经典文学作品为重点。开办之初,出版孙寒冰主编之《社会科学大纲》及复旦大学教务长、经济学家李权时的几部经济学著作。他们对于中国师范教育、乡村教育也非常关注,先后出版"黎明师范教本""黎明乡村教育丛书""黎明乡村小学丛书"等。

孙寒冰主编的"社会科学名著译丛"包括《经济思想史》《分配论》《财政学原理》《价值学说史》《近代欧洲史》《现代欧洲史》《历史哲学概论》《农业经济学》《中国古代社会》《社会主义思想史》《十九二十世纪经济学说史》等多种西方学术经典,这套丛书也是多家大学所采用的教材。

伍蠡甫主编的"英汉对照西洋文学名著译丛"则翻译了莎士比亚、雨果、哈代、屠格涅夫、卢梭等人的经典名著《悲惨世界》《两个罗曼司》《新哀绿绮思》《恋爱的权利》《威廉的修业时代》《菉默：鲁拜集》《富于想像的妇人》《阿霞姑娘》《暴风雨》等。译者有伍光建、伍蠡甫父子和刘麟生、席涤尘、蒯斯曛、洪深、顾仲彝等人。

1934年，黎明书局发行由伍蠡甫主编的《世界文学》双月刊，撰稿人有叶青、韩侍桁、李青厓、孙寒冰、傅东华、洪深、顾仲彝、马宗融、伍光建、胡仲持、曾今可等一批关注研究外国文学的学者。此刊虽然只出版了六期，仍是了解民国时期外国文学研究的重要文献。

"黎明农业丛书"有《家畜饲养学》《农艺化学》《蚕体生理学》《应用昆虫学》《农业金融概论》《农村社会学大纲》《农政学》等；"黎明商业丛书"包括《商业通论》《商业簿记》《会计学原理及实务》《统计学》《货币银行学》《银行业务总论》《经济新闻读法》等。这两套是较为完整的针对农业学校、商业学校的专门用书。

黎明书局还是复旦大学文摘社所编《文摘》杂志的发行方，这份风行全国的进步期刊一度发行数量超五万份，后因触及国民党政府痛处而遭查禁。该局1937年出版的"文摘小丛书"之《毛泽东自传》由斯诺著作《西行漫记》中节选编辑而成。抗战全面爆发后，黎明书局出版了不少宣传抗战的书刊，如《抗战中的中国民族问题》《长期战争与日本经济》《二万五千里长征》《活着的兵店》《苏联怎样冲破帝国主义的包围》等。

新中国成立后，黎明书局出版了由全增嘏、伍蠡甫、杨岂深合编的英译注释《苏联文学选》（第一集）后，便停止出版活动。

黎明书局图书目录

"黎明小丛书"之《花椒》

"社会科学名著译丛"之《经济思想史》

文艺书局(1929—1936)

文艺书局由上海嘉定人李铁山(又名李盛林、李雄)创办。据作家周楞伽回忆,除文艺书局外,李铁山还办过新钟书局、文工书店(1949年后),此人常年游走于出版业。

1929年6月,位于福州路太和坊内的文艺书局最初出版两部长篇小说。其中左幹臣的《他瞎了》,以第一人称写一个孤独飘零青年一段错综复杂的恋爱经历,揭示社会阴森黑暗的现象。左幹臣的文笔,被形容成"幽美潇洒,简直和散文诗一样的可爱"。左幹臣还有《爱与仇》《火殉》两部作品在文艺书局出版。此时左幹臣年方二十出头,已处于创作高潮期,他还在亚细亚书局、泰东图书局、金屋书店等出版小说十多种。另一部为钟予女士著作《暴风雨之夜》,以一个时代革命女性的生涯,来展示革命潮流的澎湃和反动势力的压迫,令读者深受无限的感动。这些作品都被列入文艺书局的"文艺丛刊",此丛刊以后出版程碧冰著《浮浪者》、白云深著《他们的皇后》、孙孟涛著《莎菲的爱》、夏莱蒂译《英美名家小说集》等。创造社的两位创办人也都有作品在文艺书局出版。张资平有小说《跳跃着的人们》《天孙之女》《恋爱错综》三种,郭沫若则有翻译托尔斯泰名著《战争与和平》(全四册)和《沫若译诗集》等。文艺书局因为拖欠稿费被郭沫若告上法庭,在业界一度名声受损。

作家钱杏邨(即阿英)以"戴叔清"笔名为文艺书局编了一套指导青年写作的参考书"青年作家ABC丛书",包括《写给青年创作家》《文学原理简论》《语体文学读本》《文学方法总论》《文学描写手册》《文学术语辞典》《文学家人名辞典》共七种十册。这套丛书使读者获得相当的文学素养,便于了解文学创作的原理和方法,学会各种体裁的写作技巧,是青年作家的参考书和学生的课外读物,也是新文学研究者的入门工具书。钱杏邨还为文艺书局编《初级中学国语教科书》《安特列夫评传》等书。文艺书局还出版了新缘文学社编辑的《名家游记》《名家日记》《名家传记》。

社会科学书籍方面,文艺书局曾计划出版"社会科学丛刊",预告书目有顾凤城著《社会科学问答》、朱明著《唯物辩证法入门》、张馨佛编《政治概论》、李达编著《社会运动发展史》《资本主义研究》《社会主义概要》等,但最终并未全部出版。

文艺书局在福州路中华书局西侧设有门市部,该门市与乐华图书公司、光明书局联合开办。李盛林在经营文艺书局的同时,也在汉口路同安里开办新钟书局,成立新钟全国读书俱乐部,出版"新钟创作丛刊"十多种、《二十五史别编》等。但到1936年,李盛林的生意遭遇困难,债务缠身,他不得不将文艺书局数十种版权和存书出售给中华书局,并试图全力打造新钟书局,可效果并不如意,新钟书局不久也在出版界消失。

郭沫若译《战争与和平》

"青年作家ABC丛书"之《文学原理简论》

文艺书局出版标识

平凡书局/开华书局/中学生书局(1929—1949)

上海青浦人高尔松、高尔柏兄弟自学生时代起便关心民生、关注国运,投身革命运动。高氏兄弟手足情深,始终同甘共苦,齐心协力,在学业事业上不断进取。

弟弟高尔柏1924年入职上海大学并加入了中国共产党,1927年因遭国民党政府通缉流亡日本。1929年8月,高尔柏回沪后不久,与兄长高尔松联合律师唐鸣时等人共同出资办平凡书局,开启出版事业。平凡书局以后两度易名,持续经营将近二十年。

平凡书局最初设于北四川路士庆路(今四川北路海伦西路),几个月后,他们在福州路中市位于中华书局西侧的门市正式开张。平凡书局初期出版了兄弟俩以高希圣、郭真为笔名翻译的多种社会学著作。两人合编的《社会学大纲》内容新颖且广泛详尽,成为研究社会学的一部非常有用的工具书。书局推出的介绍社会学基础知识的"平凡丛书"一辑十册,大多数是高氏兄弟的著译作品。如高尔松译《唯物史观大纲》《马克思学说体系》《世界经济论》《科学的社会主义》《资本主义批判》《俄国革命与妇女》等,高尔柏著《中国资本主义史》《中国社会思想史》《中国农民问题论》等。

平凡书局尤其重视马克思理论、社会主义思想的宣传,出版物有《科学的社会主义》《社会主义社会学》《社会主义伦理学》《马克思传》等。书局的作者还包括杭立武、陆宗贽、李季、华汉、刘毅志、吴仁德等。不到一年,出版各类社会科学图书四五十种。柳亚子的《乘桴集》和杨杏佛的《杏佛文存》,也是平凡书局早期较有影响的出版物。

平凡书局多种书籍因宣传共产学说和普罗文艺被当局查禁。1930年8月,平凡书局被公共租界巡捕房查封。为避免租界当局的管控,高氏兄弟不得不改变经营策略,将出版内容逐渐转向中学生读物、日语学习用书等,同时更名为开华书局。

高氏兄弟都是南社成员,又与柳亚子关系密切,开华书局出版《苏曼殊全集》和《南社诗集》,皆与柳亚子的支持协助有关。柳亚子、胡朴安等人还为书局编辑《中国活页文选》,以帮助书局渡过经营难关。

开华书局以"中学生书局"作为副牌,出版了"中学生丛书""中学生创作丛书""小学教师文库""实际的小学教育丛书"以及《日华大辞典》《日语汉译字典》等多种书籍。同时还为青少年读者编印通俗本世界文学名著数十种。

1937年夏天,开华书局更进一步参与教科书出版。他们经教育部核准,在江苏省教育厅和一批教育专家的合作下,编印了一套完整的初高中各科教科书。这套教科书的特色是"内容充实,支配适度,编排联络适合标准,体例新颖,文字简明,插图丰富,印刷精美"。为配合发行,书局还在华德路(今长阳路)鸿运坊内设立批发部。不料上海被卷入"八一三"抗日战争烽火,书局营业遭到重创,投入巨大的教科书发行也未再有下文。

抗战时期,位于租界内的书局只能靠出售日语读物等来维持经营,曾编印过一册《蒋委员长第三次教育会议训词》。1941年太平洋战争爆发,高氏兄弟便离开租界回乡避难,他们的出版事业就此停止。1949年上海解放初期,平凡书局曾短暂恢复业务,出版马列、毛泽东、瞿秋白等人著作。

《乘桴集》(平凡书局)

"中学生丛书"之《中学生戏剧》(中学生书局)

"电影小说丛刊"之《女儿经》(开华书局)

乐华图书公司(1929—1941)

1929年10月,继不久前成立的文艺书局之后,乐华图书公司同样落户于福州路太和坊内,而马路对面则是已开业两年的现代书局。公司原名华东书局,但因已有同名书局,董事会决定改名为乐华图书公司。

公司开业后出版了"文艺创作丛书"中的两种——张资平长篇小说《爱力圈外》和金满城短篇小说集《女孩儿们》。这套丛书还包括金石声《爱的征服》、郭兰馨《梅瓣杂记》、许杰《火山口》、洁梅《娜莉之死》、王任叔《在没落中》、王独清《杨贵妃之死》《威尼市》、李鹤群《爱与憎》等。乐华出版的文艺类书籍作者还包括郭沫若、洪灵菲、叶灵凤、陈淡如、阿英、任钧等,凭借这些作者在文化界的较高声誉,丛书销售令人满意。

乐华图书公司同时也注重逐渐主导市场的社会科学读物,出版了李达翻译的米哈列夫斯基著作《经济学入门》,其他相同题材的著译有《转型期经济学》《近代唯物论史》《苏俄之基本构成》《科学的社会主义序论》《改良还是革命》《德意志农民战争》《帝国主义与世界经济》《帝国主义与中国》《中国农民与土地》《社会主义的基础知识》《新兴心理学》等。

乐华图书公司为弥补读书界和出版界之间的隔阂,特办"乐华记者会"和"乐华代办部",以加强宣传推广,增进与读者沟通。同时他们创办期刊《出版消息》,刊发新书消息及其他各出版机构的最新动态,成为了解当时出版业现状的重要资料。

乐华图书公司还出版第一流作家自选集,包括《沫若自选集》《资平自选集》《独清自选集》《衣萍小说选》等,并备作者亲笔签名本以促进销售。不过王独清的《独清自选集》也给公司带来巨大麻烦,由于遭到政府查禁,他们不得不下架销毁所有存书,并且公开登报表示所遭受损失要与作者本人清算。

乐华图书公司与光明书局、文艺书局在中华书局门面西侧联合开办门市部,三个铺面在福州路闹市排在一起,对于发行业务颇为有利。1935年前后,乐华图书公司将总部搬至福州路289号原光华书局旧址。

　　为配合国民政府确定的儿童年的活动,乐华图书公司也曾策划过儿童读物的出版。他们请钱释云主编一套"新儿童生活丛书",以"注重儿童教养、保障儿童身心健康、图谋儿童福利、使完成儿童之团体精神及社会的能力"为目的。这套书既可做小学中高年级的补充教材,又可做儿童课余读物。上海市教育局局长潘公展通令全市各私立小学一律采用。"新儿童生活丛书"共出40册,装精美锦盒一只,持续销售至1941年上海租界沦陷之前。

张资平著《爱力圈外》

"文艺创作丛书"部分书目

1931年版成绍宗、张人权合译
都德著《磨坊文札》

勤奋书局(1929—1954)

中国近现代出版业在不同时期会出现不同的行业热点。从清末民初所谓"鸳鸯蝴蝶派"通俗文学,到"五四"新文化运动以后新文学作品的崛起,随后社会科学类出版物受到重视,再后来专门性的出版机构崭露头角,这些热点随时间推移而不停地切换着。

勤奋书局是继中医书局之后出现的一家非常成功的以体育健身类图书为主题的专业出版机构。勤奋书局之后又有儿童书局、佛学书局、戏学书局、竞文书局、龙文书店等专业门类的出版机构相继出现,成为抗战爆发前上海出版业的一种行业现象。

勤奋书局创办人马崇淦先后就读苏州桃坞中学和上海圣约翰大学。他从事过教育、图书馆、新闻等不同行业,是沪上一位非常活跃的文化人物。1929年下半年,在《申报》担任体育记者的马崇淦在马浪路(今马当路)新民村39号设立勤奋书局。书局先后在汉口路山东中路口和福州路山西路口设发行所。1932年,总部及编辑部迁至劳神父路(今合肥路)392号,门市部迁至河南路和山东路之间的福州路554号。

马崇淦利用他在教育界和新闻界的资源,首先编辑出版一本《学生指南》,邀请江问渔、刘湛恩、廖茂如、欧元怀、孙本文、李权时、余楠秋等32位知名教育家合著,请蔡元培题名并评述。该书详述研究各学科之方法及指导升学职业之捷径,是给大中学生的一部非常实用有效的工具书。

1931年,勤奋书局开始出版"体育丛书",这套系统介绍体育知识的丛书兼具较高学术价值。时任中华全国体育协进会会长张伯苓为这套丛书作序,他提到中国人被称为"病夫"的痛楚,并谈及自己去日本参加第九届远东运动会时,观察到日本在体育方面的进步远超中国,他提出改变这种现状有治标治本两个办法:"治本即自中小学起施行强迫体育教育,养成青年体育之爱好;治标即常与本国或外国队作长时间多次数之比赛,借增经验,而免怯阵。"他表示:"兹之体育丛书所载,皆不啻吾药笼中物,治标治本,随在可以取材者也。有功与体育前途之发达,之改进。为益甚大,故为之序,一为吾国关心体育者正告焉!""体育丛书"包括蒋湘清《人体测量学》、钱一勤《游泳训练法》、袁敦礼与吴蕴瑞《体育原理》、陆翔千《竞走训练法》、吴蕴瑞《体育建筑及设备》、阮蔚村《运动卫生》、章辑五《世界体育史略》、陈奎生《小学体育之理论与方法》、王庚《民众体育实施法》、张恒《田径赛训练法》、王复旦《田径赛裁判法》等数十种。

勤奋书局还出版了篮球、网球、排球、棒球、乒乓球、高尔夫球等各种球类的训练法,同时发行由中华全国体育协进会审定的各项体育比赛的最新规则书。1933—1937年间,勤奋书局发行"中国体育界唯一伟大出版物"《勤奋体育月报》四卷共40多期。

勤奋书局标识

马崇淦之子马鸢驰也参与了书局的经营管理工作。1941年租界沦陷后,马崇淦曾遭日军逮捕,他拒绝日伪政府让他出任上海教育局长的任命,后居家闭门不出,显示出爱国的决心。勤奋书局的出版经营持续至1954年,因人民政府开展公私合营运动而中止。

"体育丛书"之蒋湘青著《人体测量学》

沈明珍著《舞蹈入门》

华通书局/三通书局（1929—1945）

华通书局由文化圈外人士所办，由于有国民党高官陈群和上海滩大亨张啸林的资本背景，这家书局开局场面非常宏大。1929年12月，华通书局同时在福州路195号（神仙世界隔壁）和四川北路195号开出总发行所和虹口分店。华通门市部的特色是收罗广、布置佳，据称还以"拉丁区"的咖啡馆来招徕顾客。不仅如此，他们开业当天又在《申报》头版刊登整版广告，称自己是一家"图书馆化"的书店。

华通书局出版的图书、杂志意图全面化，从刊布的广告书目看，哲学、时政、经济、法律、历史、生活、文艺各类都有涉及，内容也包罗古今中外。业务经营上也尽可能多元化，出版发行书刊外，也经售外版书籍、代销中外文具并且承接书报印刷等业务。

华通书局为开业做了充分准备，一开张便推出一大批以人文、社科为主题的新书，如《中国社会问题之社会学研究》《最近列强海军政策实力与太平洋问题》《各国地价税制度》《近百年政治思想变迁史略》《法家政治哲学》《福特产业哲学》《苏俄的活教育》《苏俄劳动保障》《耶稣是什么东西》《新德意志》《中国人种考》等。

书局还出版一套介绍西方各领域学术思潮的通俗读物"民众文库"，有《经济学上的主要学说》《政治哲学》《日本政党史》《棒喝主义》《自由主义》《基督教社会主义》《都市政策》《现代俄国文艺思潮》《现代德国文学思潮》《自然科学与现代思潮》《医学与现代生活》等。

在文艺类书籍方面，华通书局同样颇下功夫。翻译家伍光建有《山宁》《列宁与甘地》《狭路冤家》等译作出版，其中，《狭路冤家》是英国作家艾米莉·勃朗特名著《呼啸山庄》的最早中译本。此外还有胡也频作品《四星期》《别人的幸福》、查士元翻译日本小说《都会的忧郁》《恶魔》、陈梦韶改编鲁迅作品《阿Q剧本》、徐懋庸译《托尔斯泰传》、李金发译《托尔斯泰夫人日记》、陆鲁一著《谁作孽》等。作家黄源在华通书局出版的有译作《世界童话研究》《结婚的破产》(与许天虹合译)、编辑作品《屠格涅夫生平及其作品》。文学理论方面,有杨荫深著《中国民间文学概说》《中国文学大纲第一卷秦汉文学大纲》、胡怀琛著《中国文学评价》等。

张啸林长子张法尧是留法学生,著有《社会保险要义》一书并在华通书局出版。华通书局还出版"华通经济学丛书"及"华通讲座——世界经济问题讲座"等经济类图书。

与大多数新书局的经营情况相似,1935年前后,华通书局也陷入日薄西山之困境。1937年抗战全面爆发,书局老板陈群入职日伪政府,此时已迁至福州路331号的华通书局便与日本三省堂合作,易名三通书局。

三通书局以其特殊的背景,很快占据了福州路位置极佳的门市部和位于大连湾路(今大连路)的印刷厂,一度扩张比较顺利。上海沦陷后,他们受日本政府指示,曾试图与商务印书馆、中华书局、世界书局联合经营,从而进一步控制中国的出版行业,但此计划遭到中国同行的抵制,终未有成果。

三通书局出版物中,有一套"三通小丛书"颇具代表性,这套百科知识小丛书以封面颜色来区分不同内容,粉红、天蓝、淡黄、鹅黄、浅妃色分别代表现代文学、古文学、自然科学、教育美术历史和社会政治经济五大类,大小装帧均仿照日本流行的文库本式样,先后出版数十种。1945年战争结束,三通书局也随之消亡。

《中国新书月报》

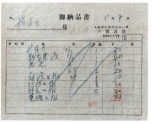
三通书局御纳品书

"三通小丛书"之《长明灯》

佛学书局（1929—1956）

上海世界佛教居士林以扩充出版、翻印流通佛经为由决定成立佛学书局。在印光法师、王一亭居士等倡议下，在沪上名人狄楚青、丁福保等人的大力支持下，1929年底顺利完成集资，并在闸北新民路世界佛教居士林内开始营业。数月后，佛学书局在上海火车站附近宝山路口设立发行所。1932年"一·二八"战役后，佛学书局总发行所迁至靠近愚园路口的胶州路7号，并在闸北新民路国庆路口、新闸路麦特赫斯脱路（今泰兴路）口设发行分所。

佛学书局诞生之时，正处于近代中国佛教复兴时期，加之书局股东中有多位极具影响力的社会贤达，以及遍布各地莲友们齐心相助，使得佛学书局的出版发行业务进展很顺利，在沪上多家佛教出版机构中脱颖而出，成为中国近代"规模最大的佛学出版机构和佛教实业综合体"。佛学书局聘请佛学专家范古农居士任总编辑，沈彬翰任总经理，在印行佛学典籍和流通佛教法器的同时，还代售各大书局出版图书、销售学校用品及各类教具文具、发售喜庆楹联和撰善联句、代收美术名家书画文件等。佛学书局还首倡无线电广播佛教节目、灌制佛化唱片、创办佛学研究函授社和佛学书局图书馆，为推动中国佛教事业的进步做出了重要贡献。

佛学书局出版流通的佛学书籍数量多达3000多种。门类包含佛学概论、各宗纲要、佛学入门书、佛学史类、佛教历史类、传记类、山志游记类、目录类、辞典类、考据类、护教类、融通类、英文佛经类、诗文集类、讲演类、导俗起信类、静坐类、专著类、应用文件类、戒杀放生素食类、戒淫类、灵感类、善书格言类、笔记类、小说类、杂志类、医书类、杂书类、丛书类等40类，其分类之细为其他同类书局所不及。其中有印光、太虚、弘一、圆瑛等高僧的大量著作，也有谢无量、吕澂、黄忏华、范古农、李圆净、蒋维乔、丁福保、吕碧城、丰子恺等佛家子弟的作品。

佛学书局出版多种佛教类丛书。其中"佛学小丛书"是针对广大信徒的重点出版物,该套书文意浅白、篇幅精短,适合青少年及初心学佛者参考,出版了两编共计77种,有《释尊传》《佛典略说》《佛像概说》《五蕴大意》《在家学佛法要》《念佛四十八法》《妇女学佛初步》《中国危机之救济》等,堪称佛教小百科全书。除此以外,还有"法事丛书""佛教故事丛书""海音潮文库""太虚丛书""圆瑛法汇"等。

佛学书局从1930年10月起开始发行《佛学半月刊》,该刊设有传记、论说、文苑、佛学问答、医药问答、各地佛教新闻等栏目,众多高僧和社会名流发文于其上,到1944年底总共出版313期,发行量为近代佛学刊物之冠,对于佛教界影响深远。佛学书局还长期代理发行《世界佛教居士林林刊》《海音潮》两种定期刊物。其他代售的佛学期刊有《觉有情》《微妙声》《威音》等。

1937年抗战全面爆发以后,佛学书局的经营也受到较大影响,但受益于战前打下的良好基础以及海外市场的支持,依然能维持经营至1949年新中国成立后。1956年,佛学书局与大法轮书局、弘化社改组合并为佛教书店。

《护生画集》

《地藏菩萨本愿经白话解释》

《唯识的科学方法》

博览书局(1930—1946)

博览书局创办人陈三洲(1909—1974),原名润泉。1925年因父亲病故,陈三洲中止在杭州商科职业中学学业,进入天章丝织厂做工,其间经共产党员陶维均、赵培林介绍入党,积极参加杭州总工会工作。1927年大革命失败后,他潜逃至沪进入世界书局工作。

1930年陈三洲受何公超影响,在南市西门蓬莱市场内开办博览书局,委托姐夫汤笔花担任经理。博览书局主营书报刊零售,兼售文化用品、教学用具乃至唱片、影戏票等。1932年,陈三洲正式管理经营博览书局,其后他还办过印刷厂、金笔厂等企业。

博览书局1931年起发行汤笔花主编的《影戏生活》周刊,陈三洲也在其中开辟点评艺人的"演员月旦"专栏。该刊以中国电影研究社名义出版,实同博览书局为一家。

抗战全面爆发后,博览书局搬至霞飞路(今淮海路)近思南路东侧的599号继续经营,仍以售卖书刊为主。因陈三洲与演剧界关系密切,此地还成为租界内一些影戏培训学校的招生点。陈三洲虽已脱党,但仍支持共产党的活动,利用其社会影响及社会关系,营救关押的共产党员及进步人士,资助共产党员去解放区,将书局二楼借给共产党员李健吾、于伶办上海剧艺社。1937年位于南市的博览书局及印刷厂被日寇所毁。1940年陈三洲遭日军逮捕并受拷打。

抗战胜利后,博览书局出版章铎声编《民主初步讲话》、金文编《二次大战见闻录》、曹聚仁编校《鲁迅手册》等书。还出版了由何公超主编的《儿童世界》期刊,丰子恺曾为该刊绘漫画插图多幅。

新中国成立后,陈三洲的企业参加公私

南市西门蓬莱市场内的博览书局

合营,他担任过上海市文化用品公司卢湾区店经理。陈三洲之子陈元麟(元林)是沪上知名的社会活动家,担任上海绍剧之友社社长等职,曾在瑞金二路街道举办其父亲的纪念展览。

曹聚仁编校《鲁迅手册》

《作文门径》

辛垦书店(1930—1937)

辛垦书店由一批四川籍的共产党人创办,是一家知名的"红色书店",为宣传推广马克思科学社会主义思想做出重要贡献。1930年,杨伯恺与同乡叶青(即任卓宣)、任白戈、沙汀等在上海四川北路公益坊内创办辛垦书店,1932年搬至海宁路三德里45号,1937年停业前地址在狄斯威路(今溧阳路)浙兴里。

主持编辑工作的叶青是中国近现代史上一位特殊人物,他对共产主义态度的急剧转变,受到今人热议。投身理论研究和出版事业后,叶青与杨伯恺等合作的辛垦书店在当时出现的众多新书店中表现突出,得到业界的好评。

1935年,叶青发表文章《出版界的检阅和期望》,对于上海正处于低迷时期的新书业提出自己的看法,他认为出版事业是一种重要而又特殊的文化活动,我国的出版事业跟西方国家相比差距还很大。他对于今后出版业的期望是增加出版物数量、多出哲学和科学书籍、提高著作的学术性。

此时的辛垦书店,通过几年努力已取得了相当显著的成就,其出版的科学和哲学书籍被认为是"独成一家"的。虽然这些书籍只面对数量有限的少数读者,销量并不大,但评论界对其不纯为"生意眼"的做法,流露出了尊重和佩服。辛垦书店的命名取自英文"thinking",他们也以实际行动证明了对出版事业严肃认真的思考。

叶青在主编"哲学丛书"时,提出编辑理由:科学发达的前提是哲学发达,因此要有哲学作为先导,而研究哲学必须通读哲学史,欧洲的哲学史则是人类的典范。"哲学丛书"中由杨伯恺翻译的作品占了将近一半,有《哲学思想集》《哲学道德集》《哲学格言集》《认识起源论》《精神论》《哲学原理》《自然之体系》等。其他译者包括柳若水、任白戈、沈因明、邓钧吾等。

"科学丛书"则由杨伯恺担任主编,他提出:"应用科学发达,必须纯粹科学发达。实践以理论为准绳,所以科学的理论最为重要。正确的哲学是与科学相依为命的,而且今天的哲学课题,根本是科学理论的考察和解释。""科学丛书"计划选译世界大科学家的名著24种出版,译者有沈因明、谭辅之、皮仲和、张微夫、邓钧吾等,作品有《科学概论》《科学规范》《科学与实在》《科学史》《物理世界之本质》《星与原子》《宇宙观发达史》等。

虽然辛垦书店一再声明他们无党派的立场,出版活动不涉及政治,但他们也常成为政府重点监控的对象。杨伯恺曾为被传加入政治社会民主党而登报辟谣。1934年5月,书店送审的《政治形态论》等数种书籍遭禁,书店也遭到上海市公安局和租界巡捕房的搜查。

辛垦书店先后发行过《二十世纪》和《研究与批判》两种期刊,刊登具有先锋性的学术思想文章。杨伯恺、叶青等也撰写大量文章发表其上,是20世纪30年代出版的学术价值较高的刊物。1937年,杨伯恺、叶青等相继离开,辛垦书店由张凡夫打理,不多时便告停业。

沈敬铭著《政治形态论》

《新兴艺术概论》

辛垦书店哲学、科学名著

德园家禽函授学校/成善出版社（1930—1941）

家禽养殖业在近现代中国成为一门发展迅速的新兴产业，养鸡业是其中最为重要的一个门类，上海郊区有许多农场开办养鸡业务。为引进西方的现代化饲养技术，有大量相关书籍出版发行。

黄中成被誉为中国第一位"养鸡家"，是中国现代家禽养殖业的开拓者，他曾创办中国养鸡学社并任社长，他的弟弟黄中允担任教务长。1930年，黄中成、黄中允兄弟退出中国养鸡学社，在江湾青年村后自办德园鸡场，同时开办养鸡函授学校（又名德园家禽函授学校）。黄中成自任校长，并邀请广东侨领、国民政府实业部次长、暨南大学的创始人郑洪年担任董事长。德园鸡场除自营养鸡及现场培训有关技术人员外，还编译了一套完整的养鸡学讲义，全面介绍欧美国家最先进的养鸡技术和理论。

由黄中成编著的这套"德园家禽函授学校讲义"共计出版16种20多册。包括《近代鸡舍建筑学》《最新鸡具制造学》《天然与人工孵卵学》《天然与人工育雏学》《科学的饲鸡学》《鸡病与鸡害之研究》《阉鸡学》《鸡之肥育学》《家禽繁殖与配种学》《家禽选种学》《世界标准鸡种谱》《禽产推销学》《鸡场管理学》《养鸡成败问题》等。由于这套教材内容完备，所介绍皆为世界最先进的鸡养场经营管理方法，因此受到行业内人士的好评，不断再版发行，直到民国末期和新中国成立后仍被广泛使用。

德园家禽函授学校1931年起出版《禽声月刊》，至1933年共出版12期。该刊以"实业救国"为宗旨，介绍养鸡信息，传授养鸡常识，倡导养鸡事业。该刊成为较具影响力的农业类期刊。德园家禽函授学校的出版物还有《养鸡拾零》《养鸭讲

《养鸭讲座》（德园家禽函授学校）

座》《实利养蛙法》《养蛙实验录》等。

1932年"一·二八"事变后,位于战区的养鸡场遭到重创,包括函授部、月刊部、装机部及藏书室等全部被烧毁。黄中成兄弟及全家十几口人侥幸逃生,但两个工人却惨遭杀害。他们只得转往租界内的汉口路302号继续营业,发售出版书籍、提供培训业务等,直至1941年前后。

德园家禽函授学校在汉口路经营期间,学校管理者黄中成、萧善真还以成善出版社名义出版过几种养殖书籍,介绍青蛙、金丝雀等饲养方法。

德园家禽函授学校标识

《金丝雀饲养法》(成善出版社)

晓星书店/戏学书局(1930—1956)

湖南长沙人陈慈铭来上海时不满15岁,在堂哥陈家瓒开办的群益书社当练习生,因勤奋好学,逐渐熟练掌握各项技能。1917年陈慈铭离开群益书社,与友人合办中国机器印花厂,这是中国首家华商办的绸缎印花企业,业务迅速发展,事业大获成功。

陈慈铭是资深京戏票友,生意上获得成功后便同一些朋友联合群益书社开办了一家书店,以出版京戏书刊为主业,兼营戏剧用品及湖南特产。

1930年底,他们先以众乐出版社之名义出版改良京戏本,第二年正式以晓星书店之名出版。书店在河南中路176号购得二层门市房,1931年8月正式开张营业,陈慈铭的堂侄陈希声(笔名陈希新,陈家瓒之子)担任书店编辑。

凭借雄厚的实业背景,晓星书店经常组织京剧票友的聚会活动,并邀请梅兰芳、盖叫天、马连良等众多名伶到场交流,名扬海上梨园界。

陈家瓒对晓星书店的出版业务给予大力支持,他将自己翻译的《经济学原理》和《福特传》两部作品交书店出版。同为票友的戏剧教育家周玑璋(笔名白鸥)翻译谷崎润一郎的《富美子的脚》、湖南老乡沈从文的小说《龙朱》等也同时出版,这些作品为晓星书店的开张起到了良好的宣传作用。

出版改良京戏本是晓星书店的最大特色。同为京剧迷的陈希声主持出版了《贵妃醉酒》《汾河湾》《霸王别姬》《宝莲灯》《捉放曹》《空城计》《四郎探母》《法门寺》《战长沙》《四进士》《貂蝉》等数百种唱本,书店成为品种最齐全的京戏唱本出版商,行销全国各地。据店主陈慈铭之嫡孙,原上海旧书店高级估价师、版本研究家陈克希描述:"华夏各地读者,凡欲看京戏书者,通常首选晓星书店,故需求量大……邮差每星期两次安排前来收邮件,而且必须推着板车方可装走。"他父亲陈伟仑初中起便在课余和夜间跟随堂哥陈希声协办店务,大学时已练就成为书业能手,兄弟俩共同管理经营,还联合编辑《京剧戏考》一书,深受戏迷读者好评。

晓星书店还出版沈乃葵主编《平剧汇刊》数十期,包括《女起解》《宇宙锋》《春秋配》《龙凤呈祥》《打严嵩》《宝莲灯》《打渔杀家》《玉堂春》《战长沙》等。

1937年上海"八一三"事变后,日军将陈慈铭的中国机器印花厂炸毁,自此全家只得靠经营晓星书店为生。1940年,陈慈铭买断了所有股权,更名为戏学书局(期间也同时用家庭书社之名),与陈希声、陈伟仑专注于京剧领域的出版,直到1956年公私合营后方告停业。

  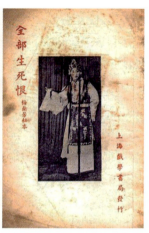

商检京剧社惠存,陈庆声题赠　　陈希新编《宝莲灯》　　《全部生死恨》(戏学书局)

龙门联合书局(1930—1954)

1930年,时任江苏省立上海中学理科教员的严幼芝(1900—1988)通过研究和试验,发明了一种石板翻印技术,于是他向自己母校(前身龙门书院,后改名省立上海中学)借了尚文路旧址上的两间小屋开办龙门书局。

龙门书局最初的业务是为全国各大学提供翻印的外文科技类书籍。1932年,严幼芝决定增资扩股拓展业务,他将书局从尚文路迁到方浜路石皮弄,自购石印机建立印刷厂,请上海中学校长郑通和担任董事长。不久龙门书局再度扩建厂房迁往老西门并开设门市部。

因从事西书翻印业务,严幼芝担心外国人交涉版权问题,起先不敢在租界内推广营销,只能通过华界的图书商贩来进行交易。1933年,商务印书馆因出版中文注释的《韦氏大辞典》,在租界内遭到英国出版商的起诉,结果因中国未加入国际版权公约组织而免于赔偿。经此案例,龙门书局便开始放手发展其西书影印业务,并在全国各大城市公开发售其出版物。

严幼芝为谋划书局未来发展,1934年自费前往英、德留学三年多,先在英国学数理化和冶金,又到德国专攻印刷专业。1937年抗战全面爆发前他回到上海。

龙门书局在抗战全面爆发前已出书近千种,基本满足了各学校的教研需求,获得良好的声誉。1938年,严幼芝联合文华印书馆、北京图书公司、北洋书店、世界图书公司、中国图书服务社、大新书社、中国版本社等一批同行,集资成立龙门联合书局,公开发行股票,使之成为中国最大的西书影印出版企业,在行业中占据垄断地位。

龙门联合书局在慕尔鸣路(今茂名北路)设总管理处,在车袋角(今句容路)设印刷厂,在河南路设总发行所,并在静安寺设支店,在新新公司设专柜。北京和天津的两家股东单位则更名为龙门联合书局北平分店、天津分店,书局还陆续在全国各地开设分局。

抗战时期，虽然历经各种艰难险阻，严幼芝统帅下的龙门联合书局依然克服了在出版、发行渠道上的种种困难，将书籍源源不断地发往全国各地，有条不紊地维持着书局的运作。这期间还曾以国华出版社的名义出版过傅东华、周煦良翻译的几部外国小说。

1946年签订"中美友好通商航海条约"后，有美国出版商对书局提起版权诉讼，为此书局决定逐渐缩减西书影印业务，并成立中文科技图书编辑室，开始中文书籍的编辑出版。1947年，龙门联合书局与另一家同业中实力较强的中国科学图书仪器公司签订联营合同，对两家公司的资源进行合理重组和布局，发挥各自优势，稳固企业经营。

龙门联合书局目录

上海解放后，龙门联合书局主动申请公私合营。1954年，经国家出版总署批准，在中国科学院的合作参与下，改组成立为公私合营的科学出版社。

龙门联合书局在其20多年的经营时期内，影印出版各类书籍3000余种，培养出一大批编辑、印刷、发行的专业人才，也为我国20世纪三四十年代教育发展和科技进步作出了显著的贡献。

龙门联合书局发票

傅东华译《飘》

儿童书局（1930—1951）

近现代出版业在经历了教科书、文学书、社会科学书等几波热潮后，到了20世纪30年代上述题材都陷入困局，到了"无法可想"的地步。专门出版儿童读物的儿童书局在这一时刻应运而生，并迅速占得行业先机。从几百元起家，几年时间便增加到了十多万元的资本，发展势头可谓一日千里。

儿童书局由浙江余姚人张一渠发起，最初办公地在江西路5号，发行所设于浙江路北海路口同春坊内，不久迁入附近的浙江路806—807号门市内。书局于1930年4月开始向社会公开征集书稿，1931年7月儿童书局股份有限公司正式成立，公司董事由石芝坤、吴国昌、张一渠、楼伟业、倪云来五人担任，潘公展曾担任书局董事长。

在竞争激烈的出版业中，儿童书局在出版物数量上远不及商务印书馆、中华书局这样的出版龙头企业，从质量上比也不如黎明书局、开明书店等有学术底蕴的出版社。但凭借总经理张一渠出色的经营能力，以及陈鹤琴、陶行知、陈伯吹等在教育和出版领域都具备丰富经验的专家学者的鼎力配合，儿童书局发展非常顺利，股本逐年扩充。

1936年，儿童书局为满足发展需要，将总部迁入福州路424号新建的三层大楼内，当时陈列儿童图书多达千种以上，并兼营大量儿童玩具。据报道，开张当日前往参观选购之儿童不下万余人，造成道路交通拥堵，繁忙的福州路商业街一时盛况空前。

由留法电机工程师丁柱中和留美教育学硕士陈鹤琴担任主编，陶行知校订的"儿童科学丛书"，从1931年10月起，连续十个月出齐100册。内容有《云雾观察记》《儿童的度量衡》《儿童的木工具》《儿童的电机工程学》《儿童科学指导》《儿童卫生》《我们的地球》《氧气》《氢气》《霜·雪》《虹·雨》《风》《奇异的光》《种稻》《种树》《种花草》《养蜂指导》等。这套丛书以儿童生活为中心，以"教、学、做"三合一为方法，提出"教育的使命在造就科学的儿童以建

《王阳明》

立科学的社会"的设想,期望引导儿童"喜欢去动作,喜欢去思想,喜欢去运用动作思想以产生新价值",成为"开儿童科学界的新纪元,开小学教育上的新途径"的一套新颖实用的儿童读物。

儿童书局的其他出版物还有《儿童国语教科书》《儿童音乐教科书》《儿童实用工艺》《儿童科学玩具》以及"中国名人故事丛书""世界发明家故事""儿童玩具丛书""儿童故事丛书""儿童图画故事""动物奇观""新活页文选""好朋友丛书"等。儿童书局还发行《儿童杂志》《儿童知识画报》《儿童故事月刊》《生活教育》等多种期刊。新中国成立后,儿童书局加入通联书店和童联书店,1951年后停止出版业务。

"儿童半角丛书"之《讲讲故事》

儿童书局标识

新时代书局（1931—1935）

新时代书局系上海持志大学毕业的安徽黟县人汪励吾所办。汪励吾个性率直热诚，早年从事过革命工作。1921年他与同乡在上海发起成立"黟县青年励志会"，1922年创办《黟县青年》季刊，此刊在1926年改为月刊，是徽州旅外同乡所办最早的刊物。汪励吾热衷社会活动并擅长演讲，曾获得庆祝北伐胜利大会演讲竞赛甲组第一名。1928年，汪励吾在南市大码头路办人生书局，出版《实验演说学》《中国青年最近之病态》等。其中《实验演说学》请到胡汉民、蔡元培、马君武等多位名人题辞。

1931年8月，汪励吾在武定路紫阳里内办新时代书局，发行由曾今可主编的《新时代》月刊，邀请郑振铎、巴金、张资平、施蛰存、赵景深、邵洵美、叶灵凤、钱君匋、华林、顾仲彝等担任撰稿人，该刊是"不谈政治也不谈主义"的纯文艺月刊。曾今可也非常重视无名作家的投稿，曾出版"无名作家专号"，以此鼓励文学爱好者投入创作。该刊出版至1934年第六卷，总计20多期。

新时代书局还出版多种文艺书籍，其中"新时代文艺丛书"30种，翻译作品有巴金译《草原故事》、丽尼译《阴影》、曾今可译《最后的偕游》、梁得所译《前后五十年》、杨昌溪译《热恋》等；创作作品中，曾今可有《爱的逃避》《落花》和《小鸟集》等，其他有李唯建《影》、沈从文《阿黑小史》、张若谷《从嚣俄到鲁迅》、毛一波《樱花时节》、袁牧之《三个大学生》等。钱君匋曾编《新时代图案文字集》，于1932年出版。1935年6月出版歙县程瑞锟著《时效制度论》。1930年"中原大战"期间，汪励吾因发行有反政府内容的刊物被公安局辑拿关押。1935年，新时代书局出版汪励吾著《由监狱实验说到监狱改良》，以其自身经历记录了中国监狱状况，并提倡实施改良措施，未成想这本书成为如今研究中国监狱史的珍贵史料。

1932年8月，汪励吾与几位朋友在上海老城西门中华路上合股开办新时代书局发行所，并成为商务印书馆在沪西的分售处，不久其他股东陆续撤股，只留汪励吾本人继续开办。汪励吾长期支持国货,曾联合西门一带其他业主组成中国国货市场,可惜此市场因临近抗战爆发未能持久运营。1935年汪励吾取得律师执照后,分别在中华路和中汇银行内设立律师事务所,此后逐渐退出出版业务。

"新时代文艺丛书"之曾今可著《小鸟集》

钱君匋编《新时代·图案文字集》

"文友社丛书"之云裳编《女朋友们的诗》

新中国书局（1931—1943）

新中国书局的创办人计志中（剑华）系江苏吴江人，毕业于上海第二师范学校（前身为龙门书院），他在商务印书馆担任编辑时，曾参加过儿童文学丛书及民众学校课本的编辑工作。1931年计志中离开商务印书馆后，联合陈济成、徐世浩、洪佐尧等股东创办新中国书局。

新中国书局在开局之初推出一套颇有质量的"新中国文艺丛书"，这套丛书在近两年内出版包含巴金《复仇》《光明》《雾》《海行》、施蛰存《上元灯》《将军底头》《梅雨之夕》、王统照《霜痕》、丁玲《水》、傅东华《诗歌与批评》、沈从文《虎雏》、谢六逸《茶话集》、郑振铎《文探》《海燕》等近20种作品，由作者阵容可知该书局具有相当强的组稿能力。

1932年元旦，新中国书局在宝山路天吉里30号开张，除售卖"新中国文艺丛书"外，还有"小学校低年级读物"第一辑50种，由张咏春、计志中等编辑，分文艺、社会、自然、健康与艺术五类，以辅助低年级儿童教育为目的，书中以图画为主、文字为辅，寓教育于趣味之中。另外还有学校补充读物十多种，分"国语科""社会科""自然科""健康科"四类。以及"童话集"四种，有《鱼与天鹅》《红雀》《迷宫》《金羊毛》。可以看到，为迎合当时书业的潮流，新中国书局的出版直奔少年儿童主题。

未料不久发生"一·二八"战争，位于闸北的新中国书局所有资产被摧毁。战后书局同仁不得不发奋努力，东山再起，他们在爱而近路（今安庆路）均益里27号设立总办事处，又在福州路95号设总发行所。书局坚持以出版学生辅助读物为核心业务，将补充读物由低年级扩充至中、高年级，数量也增加至160种之多。书局同时还创刊了供低年级小学生阅读的《我的画报》月刊，因选材精炼、图画美丽、文字浅显，创刊号立即售罄，发售数日便获得四五千个订户。1934年初，新中国书局兼并位于南市蓬莱路的少年书局，由少年书局主办的少年读书会也改由新中国书局接办，由此进一步加强了书局以青少年为核心的主营业务。

1934—1936年间，新中国书局还发行《儿童科学杂志》，该刊旨在用最浅显的文字，把自然科学极普通的常识、世界上最新奇有趣的发明等介绍给儿童，启迪儿童对科学的兴趣。内容包括动物图说、科学新闻、科学发明史与科学家、科学游戏、科学问答、科学趣谈、科学世界、科学小说、科学书刊简介等。《儿童科学杂志》出版两卷48期后，改名《少年科学杂志》，第三卷出至1937年下半年停刊。

1939年，新中国书局经过改组后继续经营，由金煦春、徐柏生、朱光照等人担任经理人，地址变更为北河南路451号，直至1943年经董事会商议退还股金后停业。

"新中国文艺丛书"之王统照著《霜痕》

"新中国文艺丛书"之施蛰存著《上元灯》

中年级社会读物《孙中山先生》

长城书局(1931—1941)

长城书局前后经营十年,虽然出版书籍只有二三十种,但能以稳健、踏实的态度认认真真做好每一本书,宣传好每一本书,这充分体现了出版人的理想主义精神。长城书局地址自始至终位于宁波路47号二楼,发行人陈一夫曾就职于文明书局,他也是一位热爱写作的文艺青年,20世纪30年代出版的小说集有《处女的悲哀》《春天的落叶》《美满的微笑》《秋絮》等。

长城书局1931年出版第一批书籍,主题是为青年提供修养指导,鼓励青年励志奋斗。其中《怎样训练你自己》是美国职业教育专家罗德所著的一部指导人们如何走上成功之路的畅销书。这本书十年间从初版印至十一版,陪伴长城书局从开张到闭幕,此书还引发书局出版了一系列以"怎样"命名的同主题书籍,如《怎样修学》《怎样教育儿童》《怎样训练思想》《怎样生活》《怎样服务》《怎样演讲》《怎样创业》等。这批书的封面装帧风格一致,成为支撑书局经营的重要系列作品。

1933年元旦推出的《法律政治经济大辞典》是长城书局的另一种重要出版物,此书聘请多位专家,搜罗8000余条相关新名词,计百万字1300余页,布面精装,书名烫金,内封请于右任题名,从内容到装帧均堪称经典,成为许多学者之必备工具书。

文学方面,出版有江红蕉的小说《灰色眼镜》《不可能的事》、菊池宽的剧本《结婚二重奏》、游记《印度艳异记》等。1941年出版的散文集《浮世杂拾》,是柯灵、桑弧等人为纪念王尘无而印行,此书作为"长城文艺丛书"的一种,但此丛书未见再有其他著作出版,而长城书局也在这一年停止经营。

此外,长城书局还出版了《中国人文思想概观》《妇女法律十讲》《书籍报纸杂志处理法》《中国之内国公债》等内容涉及多各领域的著作。

1934年元旦,由教育家潘仰尧主编的《长城》半月刊创刊,"以供给青年修养、生活及处世的实用知识"为宗旨,栏目内容丰富活泼,是长城书局重点打造的综合性文艺期刊,该刊出版至 1936 年第四卷。1941 年底,长城书局曾创办文艺半月刊《萧萧》,邀请沪港一线作家供稿,可惜仅出两期后太平洋战争爆发,长城书局业务完全停顿。

《怎样做领袖》　　　　　《印度艳异记》　　　　　《长城》

女子书店(1932—1936)

1929年,26岁的江西兴国县女子黄心勉从老家来到上海,与分别九年的丈夫姚名达团聚。姚名达系清华大学国学研究院毕业高材生,从北平南下到商务印书馆担任编辑。夫妇两人均关注我国的妇女运动,经过几年相对安定的生活和充分的准备工作后,他们决定开办以妇女为主题的女子书店。

1932年3月20日,女子书店在冠生园召开成立大会,书店发起人姚名达、黄心勉夫妇以及合作者章衣萍、吴曙天、黄天鹏、张世禄、黄绍绪等数十人参加了开张仪式。这些妇女界代表和妇女问题研究者,针对我国妇女教育落后和女子知识不够普及等状况,提出了出版"女子文库""家丛书"《女子月刊》,以及设立妇女图书馆与妇女奖学金的计划。

女子书店最初设办事处于圆明园路29号洋房内,以后再迁往霞飞路(今淮海中路)铭德里8号、霞飞路(今淮海中路)523号。

女子书店的首批出版物有《女作家创作集》《曙天日记》《妇女生活史》《妇女劳动问题》等。以后又出版"女子文库"数十册、弥罗社主编的"弥罗丛书"数种、《妇女问题论文集》《中国妇女大事年表》《中国历史妇女演义》等。

1933年,黄心勉主持创办著名的《女子月刊》,她的目的是"替天下女子制造一座发表言论的播音机,建筑一所获得知识的材料库,开辟一个休息精神的大公园……把最好的、最新的、最有趣味的思想知识文艺和图书贡献给读者"。《女子月刊》开办之时适逢商务印书馆老牌杂志《妇女杂志》因"一·二八"事件而停刊,对振兴陷于低迷状态的中国妇女解放运动起到了积极有效的作用。

女子书店的标记设计颇有趣味,一心形图案,里面一本打开的书本,书本上面"女子"两字凑成一个"好"字。

1935年,黄心勉因长期操持书店事务而心力交瘁,竟患病不治身亡。全力支持妻子办店的在暨南大学任教的姚名达因此受到巨大打击,加之他有教学、写作、编辑等多项事务在身,自顾不暇,女子书店维持没多久便退出了出版界。

　　姚名达是一位成果丰硕的史学家和目录学家,1940年设在江西的中正大学邀请他前往教学。他积极参与抗日运动,最终作为"战地服务团"团长牺牲在前线战场上,成为抗日英烈。姚名达、黄心勉夫妇为国为民英年早逝,值得后人缅怀纪念。

《她的秘密日记》

"女子文库"之《中国女词人》

《女子月刊》

春明书店(1932—1954)

江苏海门人陈兆椿曾在沪上以出版石印线装书为主的中西书局工作多年,积累了丰富的行业经验。1932年,他离开中西书局后在福州路公和里内独资开办春明书店。

春明书店开业初期以发行业务为重,不仅大做宣传广告,在价格上也尽显优势,以薄利多销的方式迅速占领市场。陈兆椿为读者购某一种书,往往要辛苦奔波多家书局叩问寻找,他声称自己的书店:"店址设于四马路之最中心区,广集沪上各出版家古今书籍,名目数万种,应有尽有,管教人我门来,琳琅满架,任意选择。"

在拓展发行业务的同时,春明书店也出版了一些如《英文百日通》《万事不求人》《新对联从新》《唐诗三百首》之类的低成本实用书籍。

开业后几年,陈兆椿在为人处事和经营手段上均显示出较强的实力,书店业务进展顺利。1935年和1937年,春明书店两度迁移,分别落户位于福州路的世界里和怡益里内。

由于春明书店一味地追求图书销量,需要大量征集各出版社的折扣书和库存书,因此放松了对书籍内容的管控,曾多次因销售盗版书而陷入法律纠纷,前后受到生活书店、开明书店以及作家张恨水等人的法律诉讼。

1936年,陈兆椿的儿子陈冠英在会文堂书局学徒期满后接手家族事业。陈冠英的经营更趋市场化,他主持出版了一系列言情、武侠、社会类通俗小说,畅销书市,继续维持春明书店在沪上书业里居于中游的地位。

1945年抗战结束后,陈冠英在继续经营学生辅导书、通俗小说书籍的同时,试图寻求一些新的突破。1947年,原《东南日报》编辑的胡济涛受邀担任春明书店编辑部主任,他建议书店在现有基础上,增出新文学作品。胡济涛请梅林主编一套"现代作家文集",这些作家包括鲁迅、郭沫若、茅盾、丁玲、巴金、郁达夫、张天翼、叶圣陶、冯雪峰、胡风、老舍等人,这套书是抗战胜利后沪上出版的一套较完整的当代作家文集。

作家孔另境也加入书店编辑部,他负责编辑"今文学丛刊",第一辑《跨着东海》以郭沫若自传体小说中第一章的名字命名,其中收编了茅盾、叶圣陶、范泉、碧野、艾芜、臧克家、李霁野等人的作品;第二辑仍取自郭沫若小说的章节名《我是中国人》;第三辑因陈冠英担心书店会因此遭受政府审查而中止发行。

上海解放后,陈冠英携带大量现金和物资去往台湾,春明书店员工应耀华、陈兆龙等人组织店务委员会自救生产经营,将原本由胡济涛主编的《新名词辞典》改编后以"春明出版社"之名出版,此书成为新中国成立后最早出版的推广新名词、新知识的工具书,到1954年已出六版,印刷42次,总印数达46.5万册。1956年公私合营后,春明书店员工分别并入上海文化出版社和上海新华书店。

费新我编绘《扇画画册》

《西厢记全传》

《聂克卡脱侦探案》(正集)

大众书局(1932—1955)

在创办大众书局之前,樊剑刚担任世界书局发行所主任。彼时的世界书局正处于如日中天之态势,其遍布全国乃至海外的发行网络不亚于商务印书馆和中华书局,由此可知樊剑刚的能力和社会资源非同寻常。他所管理的发行所是世界书局一个非常重要的部门,以至于他离开后,世界书局的掌门人沈知方亲自出马兼管发行工作。

1932年在世界书局迁入福州路上新建成的豪华大楼之时,樊剑刚公布了他离开世界书局自办大众书局的消息。大众书局的开业地址就在原世界书局发行所里。樊剑刚在自己最熟悉的地方开始了创业之路。

在此要顺带提一下世界书局的创始人沈知方(芝芳)。相对于将自己的企业发展成行业龙头的目标,沈知方有更远大的雄心——通过自己在书业的全面布局使自己成为一位业界领袖。在商务印书馆任职期间,他同王均卿、黄人合办国学扶轮社,此社后来并入商务印书馆。同陆费逵等人创办中华书局后,他又参与收购并负责管理文明书局,以后协助创办进步书局、大东书局、中华新教育社等出版机构。自办世界书局以后,沈知方在书业内伸出更广的触角,他投资办古书流通处、世界舆地学社,收购广智书局、俄资印刷厂,并且与魏炳荣的广益书局、平襟亚的中央书店、沈骏声的大东书局等出版社保持紧密的合作关系。沈知方显然很享受因得到业内同人的敬重而产生的自豪感。

这一年,沈知方除了放手让樊剑刚开办大众书局外,还在世界书局减员之际,协助朱联保、徐蔚南等一批员工另办出版教科教辅书的大华书局,同时还为其子沈志明筹办启明书局。

樊剑刚的大众书局基本上复制了世界书局的发展套路。他在原世界书局的基础上,迅速建立起遍及全国的发行网络。开业当年出版的由刘大白鉴定的《尺牍课本》涵盖小学各年级,连同教学法一套共32册,取得了非常好的销售业绩。

大众书局登报向全社会公开征集各类稿件,包括从幼稚园到师范学校、大学的各科教科书、课外读物、工具书等,同时也收录工农商各界用书,内容包括音乐曲谱、字帖图画、中西医药、国术体育、新旧小说、通俗杂著等。大众书局还购得歇业后的清华书局的一部分畅销小说版权,有徐枕亚的《玉梨魂》、吴双热的《兰娘哀史》等。书局还请胡寄尘、何海鸣、包天笑、徐卓呆四位名家联合创作通俗小说《喜怒哀乐》计8册。大众书局这些出版物以新颖的构思加上名人效应而热销书市。

1935年书局出版了一套"古今碑帖集成",编者历时多年从万余种碑帖中筛选出150种,以重金收购或租借海内外善本孤本为底本印制,印刷精美,效果更优于珂罗版技术,并配以美观雅致的书箱,诚为集碑帖之大成,创出版之先河。另有《古今医方集成》,集一万数千余则古今名医之药方,每方列举"主治""功效""药物及用量""用法"四项说明,如遇繁复之方,更增加"制法""方义""编者按"三项说明;此书共2400多页,精装上下两厚册,是研究中医学的优质工具书。儿童读物方面,大众书局出版的"故事一百种""儿童知识文库"以及多种连环图画书,成为书局的重要出版题材。

大众书局在民国时期出版各类图书数量逾千种,成为一家影响广泛的面向普通民众的综合性出版机构。1949年1月,位于福州路320号的大众书局发生两起奇怪的火灾,幸亏员工及时发现扑灭,为此樊剑刚被警局传唤调查,不久后病逝。上海解放后,大众书局加入通联书店继续出版业务,至1955年停业。

《红羊豪侠传》

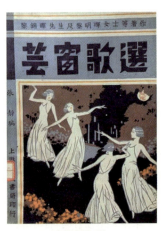

《芸窗歌选》

连环图画《杨家将》

大华书局(1932—1937)

大华书局是与世界书局相关联的一家出版社,以专门出版教育类书籍为特色。据老出版人朱联保回忆,1932年"一·二八"淞沪抗战后,世界书局遭遇经济困境不得不减薪裁员,朱联保召集局内同事朱少卿、徐蔚南、杨哲明等人商议辞职另办一家书局。书局总经理沈知方眼看一批核心员工要离开,自然不愿轻易答应,于是同意他们留职另办大华书局,附属于世界书局合作经营。而一人同时兼做几份工作的现象在当时出版业中实属常见,如主持大华书局编辑部工作的徐蔚南,其时又应柳亚子之邀,担任上海通志馆编辑主任一职。

大华书局在四年多时间里,以非常高的效率出版了一大批符合市场需求的教科书和其他教育类书籍。他们针对国内的师范教科书只适用于高中程度的师范生这一现象,联合陶行知主持的编辑团队,出版了一套乡村师范教本,内容上适当简化,切合"简易""乡村""县立"等各类师范学校,售价也特别低廉,以此来普及乡村教育,占据乡村市场。

在教育类书籍方面,大华书局的出版物涉及面也相当广泛。最初的一批出版物中,即已包括《论理学概论》《教学做合一概论》《小学各科教学法》《高小国语教学法》《小学行政》《教育测验》《乡村教育》《民众教育》《幼稚教育》《比较教育》《西洋教育史》《现代教育思潮》《儿童心理学》等。显而易见,书局的目标是成为内容全面覆盖教育学领域的专业出版机构。

徐蔚南邀请上海通志馆同事胡怀琛为书局编辑了"作文丛书"以及《应用文教本》《修辞学发微》等;书局还请江苏省立苏州中学教师编《实验初高中国文读本》一套,又出版了钱穆的《老子辨》《孟子要略》、钱基博的《骈文通义》《老子道德经解题及读法》等国学辅导书籍。

大华书局版书籍的印刷、发行全部依赖于世界书局,所有书籍版权页上均注明由世界书局总发行,他们将地址设在虹口公平路公平里内,也是比较靠近大连湾路(今大连路)世界书局印刷厂的缘故。1937年"八一三"抗战全面爆发,世界书局印刷厂书籍纸型全部损毁,大华书局就此停业。

《作文概论》

《农村建设实施纪》

《泰西五十轶事·下》

经纬书局(1933—1949)

浙江绍兴人王元规所办的经纬书局发行所设在山东路143号(福州路和昭通路之间),书局初期以图书发行为主要业务,为此书局同时还在海宁路高寿里特设邮售部对全国各地学校、图书馆和文化机构开展图书销售业务。

经纬书局在1933年5月出版十九路军营长王功流所著之《一·二八血战日记》,真实记录中国将士在淞沪前线英勇抗敌的感人事迹,此书出版后各界民众争相购阅,以后不断重印以满足市场需求。此后经纬书局全面开启了出版业务,题材涉及各类学生辅导用书、地图、地理挂图、社科文艺、家庭日常应用、青年修养多方面。王元规本人也参与了《模范汉英辞典》《英语五千句正误详解》等书的编辑工作。

1935年,经纬书局开始规划出版"经纬百科丛书",这套丛书的分类有各科习题详解、中学自修用书、应用技术知识、青年指导丛书、工艺生产畜植、国际政治历史、中外名人传记、日常应用书信、国学诗文名著、医学生理卫生、家庭教育常识、歌曲戏剧漫画、中西字典辞典、故事谜语笑话、国学基础知识等,可谓保罗万象,无所不及。其中颇有一些极具特色的版本,如萧剑青的漫画集《漫画上海》《都市学生漫画》,如今已成为民国漫画书中的珍稀品种。这套丛书发行相当成功,前后出版近两百种,年发行量达百万册以上,成为经纬书局的招牌产品。

同年出版的另一种"青年必读书十种"系列,因其选材新、内容全而成为青年读者喜爱的读物。此系列包括《警告中学生》《现代百科文选》《现代青年之切身问题》《历代名人书牍精华》《现代青年杰作文库》《青年服务与修养》《古今贤哲嘉言钞》《四部精粹》等。

经纬书局曾迁至成都经营,以后又陆续在重庆、北平等地设有分支机构,继续"经纬百科丛书"等图书出版业务。1946年起发行冯石竹主编的"世界小文库",有《第二次世界大战日志表》《第二次世界大战的新武器》《蜀行漫记》

《太平洋战场》《苦的教育》《七个女间谍》等。此外经纬书局还出版过"中国历史珍本丛书""儿童故事丛书"等。

1949年后，经纬书局迁往我国台湾继续营业。

"经纬百科丛书"之《俄国短篇小说精选》

"世界小文库"之《开罗会议全貌》

经纬书局邮售部宣传页

龙文书店(1934—1948)

许晚成(约 1905—1964)于 1925 年就读上海大夏大学,毕业后曾担任大夏中学图书馆、无锡国学专修学校图书馆、苏州省立图书馆、上海女子中学图书馆等主任。许晚成是上海图书馆协会、上海市中等学校教职员联合会、中华儿童教育社上海分社、中国电影教育会、中国教育建设社等多家组织的成员,他组织并参与了大量相关社会活动。在创办龙文书店前,他任北新书局交际主任。

1934 年 2 月,许晚成在大南门开办龙文书店,经售包括学校教科书在内的书刊以及文具等。龙文书店还邀请各学科资深教员创制各种生物标本、算术教具等出售或出租给学校,收益颇为可观。

许晚成早年从事教育工作时,曾邀请李石岑等多位教育界名人,提出各种问题,在各大报刊上举办人生问题的探讨测验,引发全国广大青年的热烈讨论,此举堪称国内首创。龙文书店将历时三年的讨论内容汇编成《人生问题讨论集》出版,立即成为畅销书,很快断售并再版。

许晚成在北新书局工作时曾编印过《上海大中小学校名册》,在此基础上,他编成一部更大规模的《全国大中小学调查录》在龙文书店出版,此书得到蔡元培先生的赞许并为之题词。龙文书店陆续出版了许晚成编辑的《上海通》《全国图书馆调查录》《全国报馆刊社调查录》等,逐渐形成以文化机构信息调查为主题的出版特色,这种商业模式很快凸显成效,推动龙文书局业务不断发展。许晚成同时还创办了上海商店推广员培训班,以龙文书店为窗口招收学员,成为非常受欢迎的职业培训项目。

1936 年 6 月,因在《民报》发表的一篇工作报告特刊中有揭露司法部门官员失职以及受贿等黑幕内容,许晚成遭到上海地方法院的羁押,并以诽谤罪被提起公诉。被关押的两个多月间,龙文书店遭受惨重损失,许晚成的妻子既要应付官司,又要照顾年幼的孩子,竟一病不起而去世了。许晚成的父亲受此牵连,也遭受了不小的财产损失。

许晚成个性坚毅,虽承受如此巨压,依然不屈不挠顽强抗诉。在保释出狱后,他继续主持各行业调查书籍的编辑出版,恢复书店的日常经营。为了替自己主张正义,他登报声明进入上海法政学院进修法律。最后此案以罚金30元,缓刑一年结案。

1937年初,龙文书店迁往跑马厅路(今武胜路)391号,许晚成在调查统计领域的出版事业继续开展。创办期刊《调查与统计快报》,出版《留学各国指南》《香港工商通讯录》《上海通俗语》等书籍。随着各行业统计调查书籍的出版,许晚成被冠上"调查家"的头衔。

1939年上半年,书店迁入北京路盐业大楼三楼。此后又陆续出版《战后上海暨全国各大工厂调查录》《战后上海暨全国书局文具店调查录》《战后上海暨全国医药业调查录》《全国通讯社调查录》《上海慈善机构概况》《南洋行名录》《全国同业公会调查录》等多种书籍。龙文书店还编印了收录多达三万人的《上海人名辞典》以及《上海百业人才小史》等书籍。

不仅如此,许晚成还创办许氏工商服务所,为企业提供各类商业咨询、商标设计、广告策划、人员招聘培训乃至员工健康保障等全方位的服务。许晚成利用掌握的企业信息来开拓多渠道延伸业务的手段,足以证明他超前的商业眼光和过人的经营能力。

龙文书店出版的这数十部调查统计类的书籍如今已成为非常珍贵的文献,在地方史、商业史等研究领域都具有非常重要的价值。

龙文书店出版的最后一种书,是许晚成1947年夏天在中国东北地区游历了八个月后所作的游记《东北真面目》,这部游记在1948年6月出版后不久,东北即告解放。

许晚成著《如何建设吾国家》

《上海百业人才小史》

大光书局(1934—1948)

宁波人陈荇荪年少时是一位呼吁爱国救国的学生运动领袖,后来到上海经商成为一名实业家,他也是宁波旅沪同乡会的负责人。出版家张静庐曾与他在同一个学生组织里共同战斗过,彼此建立了友谊。后来张静庐创办上海杂志公司,陈荇荪也成为投资人之一。

1933年,陈荇荪在麦家圈交通路(今昭通路)口开设大光书局开始售书业务,数月后又在牯岭路64号投资印刷厂,主营日历印刷。大光书局同时兼办沪甬两地的汇款业务。

1935年7月,沈松泉所办的光华书局倒闭,陈荇荪抓住此次机会,一举购得同乡的400多种书籍版权,全面进军出版业,原本经营良好的印刷厂也如虎添翼,业务量大增。

陈荇荪此后如法炮制,收入女子书店、大陆书局、文艺书局、春光书店等图书版权,一时坐拥文艺类版权700余种,在出版业异军突起。原女子书店的《女子月刊》由大光书局接手,仍请姚名达担任编辑继续出版业务。

面对业务量爆发式增长,大光书局委托包括上海杂志公司在内的沪上数十家书店同时销售其存书。

1936年,大光书局将已倒闭的书报合作社的"二十六史"中的《宋史新编》印刷出版,此书因之前与开明书店的《二十五史》有过一场繁复的版权纠纷而广受市场关注。同时书局还打算成立十万人规模的读书会,建立起庞大的读者群,意在印刷、出版、发行各个环节同时发展。

1937年抗战全面爆发前,大光书局的图书出版发行业务达到高潮,发行杂志《国论》《女子月刊》《青年中国》《大光图书月报》四种,还出版了"国论丛书""青年生活丛刊"等。

抗战全面爆发后,书局的主要精力转向处理销售库存旧书上,虽然在1941年还接盘过一家大同书局,但经营基本上处于维持状态而无力继续发展,如此状况持续至1948年,书局终因局势动荡而息业。

柳亚子选《曼殊作品选集》　　"大光小文库"之《艺术的研究》　"戏剧丛书"之《沉闷的戏剧》

上海杂志公司(1934—1954)

1933 年底,张静庐意外地被"驱逐"出现代书局后,当年一起创业的伙伴沈松泉和卢芳邀请他重回光华书局主持业务,他们经商量后租下了群众图书公司在福州路上的门市,打算增辟专营杂志部门来扩充光华书局的业务。不料开张前沈松泉萌生退意,张静庐只能咬牙独自上阵,同他的学生张步高和侄子张鸿飞,于 1934 年 5 月开启上海杂志公司的经营。

当时的图书市场读者购买力下降,书籍销售已经过了黄金阶段,只有杂志因价格低廉,具有知识性和时效性,处于蓬勃发展的阶段。张静庐看准了这个时机,创办了中国第一家专售杂志的书店。虽然启动资金只有可怜的几十元,但上海杂志公司的经营却出人意料地顺利。

上海杂志公司在销售上"快、齐、廉"三管齐下。如《良友画报》这样的畅销杂志,为了能与出版社同步销售,他们以零售原价从出版社购入,再打九折出售,这样每卖一本亏四分钱,但由此赢得"快"的声誉。上海杂志公司代售全国各类画报杂志多达 600 余种,每月刊印目录发送读者。对于一些冷门的自然科学杂志,他们打破书业常规预付款订购,只为达到品种齐全的效果。他们想方设法地以薄利多销的方式来提高门店每天的零售额。果然在最初几个月便取得平均每天百元以上的销售佳绩,这在当时的小型书店中可谓创了奇迹。

上海杂志公司的门市部将大量的杂志开放式上架,由读者任意取阅,在发行上采取"退定和改定绝对自由"的措施,这些独特的销售策略带来了公司业务的迅猛发展。

有了一定的资金积累后,张静庐终于有机会实现他的出版理想。上海杂志公司开始转型投入出版业务,除原先出版的《读书生活》半月刊和《文艺画报》外,他们还复刊了《译文》,创办了《作家》《中流》《文学丛报》《自修大学》《文饭小品》《新认识》《文艺工作者》等多种期刊。

上海杂志公司书籍出版也同步开展,其中"中国文学珍本丛书"是较具代表性的一种。张静庐以"丛书杂志化,珍本大众化"为目标,搜罗各种珍本善本,请名家断句精校,第一辑编成50种共70册,从1935年9月开始出版发行,至1936年10月全部出齐。此套丛书由施蛰存、阿英担任主编,编委中有胡适、周作人、郑振铎、林语堂、郁达夫、俞平伯等文化名流,选材多取迎合当时市场阅读趣味的晚明小品文以及诗文集、词曲集等。虽然事后张静庐对于印刷校对比较失望,认为错误太多,愧对编者,但这套书仍取得了商业成效,且具备一定的文史价值。

1937年"八一三"事变后,学生时代起就充满爱国激情的张静庐投入精力出版了一批配合抗战宣传的战时新书,如《上海抗战记》《抗日必胜论》《苏联眼中的中日战争》等,公司也内迁至汉口、桂林、广州、昆明、重庆等地继续出版业务。抗战胜利后公司重回上海,地址设在中正东路(今延安东路)29号,出版"自我教育丛书"、《郁达夫游记》《鲁迅回忆》等书籍。

新中国成立后,上海杂志公司先加入联合文艺出版社,公私合营后并入新文艺出版社,张静庐入职国家新闻出版总署,继续为新中国出版事业出谋划策。

上海杂志公司标识

《苏联诗坛逸话》

"新演剧丛书"之《战时演剧政策》

竞文书局（1934—1953）

浙江慈溪人桂绍盱毕业于东吴大学，曾在中华书局担任英文编辑，主编过《中华英文周报》。桂绍盱于1934年11月在爱文义路（今北京西路）796号创办竞文书局，专门出版英语学习类读物。他邀请出版同行中多名优秀的英文编辑为书局工作。专业权威的编辑团队，加之稳定认真的工作，使竞文书局深受学生和英文学习者的欢迎，书局出版的英语课本、辅导书和工具书声誉卓著。

先后加入竞文书局编辑部的有桂裕、吴铁声、葛传槼、苏兆龙、谢颂羔等，他们分别在商务印书馆、中华书局、世界书局、广学会等出版机构工作过；另有吴献书、谢大任则是来自桂绍盱的母校东吴大学的教员。他们皆为英文功底扎实、学术态度严谨的资深编辑。

竞文书局为中学、大学编辑英文教材，出版大量英文工具书以及英汉注释的课外读物。

我国杰出英语教育家葛传槼是竞文书局的主要编辑，他为竞文书局编撰的书籍有《英文用法大字典》《英文学生日记》《初中英文作文》《高中英文学》《现代英文选注》《英文单字活用法》等。葛传槼与桂绍盱等人合编的有《大学英文选》《浅易英文选》《英文新字辞典》等。毕业于圣约翰大学的著名医学英语和拉丁语专家谢大任为竞文书局编辑英文课本和读物多种，有《竞文初级英语》（二册）、《英语语法初步》《初级英语语法练习册》《高级英文选》《精选英文格言集》等。

1937年4月，由葛传槼主编的半月刊《竞文英文杂志》出版，在发刊词中他表示"我们并不想来担负像民族复兴和国家建设等重大的使命，我们只希望尽我们的能力，来做一些指导失学或在学青年研究一种语文——英文——的工作"。不久抗战全面爆发，上海很快沦陷，但《竞文英文杂志》坚持出版，成为各地在校学生争相订阅的英文学习辅导书，该刊出版至1939年10月，因各地邮路受阻而停刊。

由于出版内容没有明显政治倾向,市场需求也比较稳定,竞文书局持续经营至1953年歇业。

《竞文英文杂志》

《怎样读通英文》

竞文书局部分书目

人间书屋/宇宙风社/亢德书房(1935—1943)

陶亢德(1908—1983)是20世纪30年代起蜚声沪上的作家和出版人。从协助邹韬奋编《生活周刊》,到与林语堂合作《论语》《人间世》,这些经历大大充实了他的出版业务知识,充分展示了他的多种才华,使他积累了广泛人脉,让他在文学界、出版界崭露头角。

陶亢德称"办人间书屋有我个人的理想或幻想"。当时的小出版社出书后只能以七折的书价委托发行商代销,不仅如此,还会面临最终收不到书款的风险。陶亢德想出"使出版者和读者两利的办法",他提出"读者本位"论,提倡读者直接向出版社购书。对外地预约者免挂号费邮寄,本地预约者在出版后派人直接送书上门,书到付款,这在当时是一种比较新颖的服务模式。陶亢德将人间书屋的经营计划写信告诉合作紧密的撰稿人老舍并希望他合伙。老舍同意以其短篇小说集《樱海花》入伙人间书屋。

1935年6月,位于吕班路(今重庆南路)万宜坊66号的人间书屋出版《樱海集》,因内容精彩,加之老舍在《论语》《人间世》的广大读者中的知名度,行销极佳,数度再版。以后人间书屋继续出版老舍作品《牛天赐传》《老牛破车》《骆驼祥子》,封面设计由钱君匋和陶亢德两人分别担当。另出版"人间书屋普及丛书"两种——老向著《黄土泥》、姚颖著《京话》。1936年10月,人间书屋出版丰子恺著《艺术漫谈》,这本由陶亢德精心制作并寄予厚望的作品,偏偏因销路不好而亏了本,令其懊悔长久。

1935年9月,陶亢德与林语堂合作创办《宇宙风》半月刊,办此刊原因,陶亢德的解释是"一受《论语》编稿费被拖欠之迫(注:编稿费由邵洵美的时代图书公司发放),二因良友图书公司无意继续出版《人间世》之故"。由此可见,尽管他与林语堂合作的两份杂志非常成功,但由于出版销售方面均受制于他方,明显缺乏主动权,这种情形催生了宇宙风社。

宇宙风社地址最初设于陶亢德的住处愚园路愚谷村20号内,后来出版的《逸经》和《西风》半月刊均因陶亢德的参与而使用过这个地址,可见陶亢德当时同简又文、陆丹林、黄嘉音等一批文化界人士关系亲密,在生意合作上也不分彼此。宇宙风社后来曾搬到在霞飞路(今淮海中路)542弄4号内,而这个地址也被黄嘉音的西风社、徐訏的夜窗书屋使用过。《宇宙风》半月刊是陶亢德编辑生涯中付出努力最多的一种,他自言"对《论语》,只是保姆关系,于《人间世》,也不过是乳母罢了,对《宇宙风》呢,却是居于生母的地位了"。宇宙风社还出版一批单行本,大多为将周作人、林语堂、周黎庵、陶亢德等人以及其他期刊作者的文章合编而成的文集。如《上海抗战全史》《瓜豆集》《清明集》《某国人在中国》《画梦集》《宇宙风文选》(桂林出版)等。又如"宇宙丛书"包括《自传之一章》《日本管窥》《欧风美雨》《苏联见闻》《北平一顾》等,"宇宙风社月书"包括《回忆鲁迅及其他》《吴钩集》《姑妄言之》《全家村》,"宇宙风别册增刊"包括《游山日记》《她们的生活》《鸦片的今昔》《贪官污吏传》四种。

抗战全面爆发后,《宇宙风》随陶亢德南迁,在香港、广州等地出版。1939年初,陶亢德由港返沪,另办《宇宙风乙刊》,又与徐訏再度合创《人世间》杂志。1939—1941年,往返于上海和香港两地之间的陶亢德,在其编辑出版的《天下事》和《大风》杂志上发表过一系列抗日倾向的文章。

1940年,陶亢德在上海另办译文杂志《天下事》,因账目问题与林语堂不和,他便退出宇宙风社,在赫德路(今常德路)67弄13号自办亢德书房,以后发行地址迁移到福煦路(今延安中路)687弄30号大兴公司(发行所)内。亢德书房出版译自美国《读者文摘》的文选集《西洋杂志古文观止》,由何文介、汪德伟、周霭华三人合译。其他书籍的题材以关注太平洋战争等国际局势为主,如"天下事丛书"包括《德国内幕》《滇缅公路》等,"天下新书"包括《在英伦前线》《在德军后方》等。这些书籍由陶亢德安排经香港转运桂林发售。

太平洋战争爆发不久,原本打算返回香港的陶亢德阴错阳差被滞留在上海,随后去汪伪政府的中华日报社担任编辑,再又担任日商太平书局的主持人,亢德书店停止了一切活动。

老舍著《老牛破车》

《她们的生活》

"天下事丛书"之《战时英国》

三江书店/人世间社（1936—1949）

丁君匋（1909—1984）是上海出版业中一位值得被关注的资深出版人。1934年在生活书店工作期间，他以虚拟的同文书局名义协助鲁迅先生出版《南腔北调集》一事长期来成为业界美谈。抗日战争在重庆时期以及胜利后返回上海，他始终协助顾颉刚和金氏三兄弟经营大中国图书局，出版地图及历史、地理类丛书，长期活跃在出版界。

丁君匋自1936年起担任《大公报》上海版业务部主任，负责发行和广告业务。在为《大公报》开拓市场的同时，他还办了一家三江书店自己做起出版。

三江书店的地址在爱而近路（今安庆路）278号，书店标记是一幅标有黄河、长江、珠江三条河流的中国地图。开办当年出版的书籍有王特夫著《怎样研究哲学》、徐懋庸著《怎样从事文艺修养》、葛乔编《当代国际名人传》、王文彬编《报人之路》、陶友白编《字别辞典》等。

1937年7月卢沟桥事变发生，丁君匋以最快的速度编成《今日的绥远》一书，该书分"绥远的剪影""绥远抗战前后""绥远前线的视察"三部分，既全面介绍了地区历史沿革、地理风貌、经济情况，也及时分享了抗敌前线战场的战斗形势、对敌策略等，此书邀请前线军方指挥官傅作义题词作序，是抗战时期最早出版的抗日主题文献，有珍贵的史料价值。

"八一三"事变后，三江书店迁到丁君匋在租界内的住处环龙路（今南昌路）317弄6号。随着二次世界大战进程的推进，在1938年出版了美国记者约翰·根特（John Gunther）所著"欧洲时人评传"系列作品，由杨历樵翻译，一年内先后出版《德意志时人评传》《英爱时人评传》《苏俄时人评传》《法兰西时人评传》数种。

1939年9月，丁君匋与陶亢德、徐訏合作以人世间社名义出版《人世间》半月刊，发行四期后陶、徐两人离开停刊，不久丁君匋继续出版该刊12期至1941年8月。1942年《人世间》又在桂林复刊，再出七期。人世间社1940年曾出版《蒋总裁致友人书》，作为"人世间社丛书"之一，该丛书因丁君匋等人撤往桂林和重庆未能继续出版。

抗战胜利后丁君匋返沪，与金擎宇、顾颉刚等合作经营大中国图书局。1946年以人世间社名义出版金人旧作《谈话的艺术》，由大中国图书局总经售。1947年，他又将《人世间》杂志复刊，由凤子主编，丁聪、冯亦代、马国亮任编委，出版13期后终于结束了断断续续的出版历程。

《怎样研究哲学》

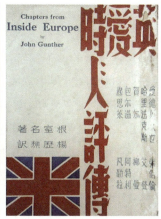
《英爱时人评传》

《人世间》

启明书局（1936—1954）

1931年初，世界书局主人沈知方为儿子沈志明在福州路上办启明书局，经售沪上新书店出版的文艺类书刊，但次年由于受"一·二八"事变影响，以及沈志明、应文蝉夫妇要照顾接连出生的孩子，经营陷于停顿。到1936年，经过精心筹备，启明书局在福州路400号（世界书局隔壁）正式开张。

沈志明夫妇俩都是追随新思潮的文艺青年，女主人应文蝉是慈溪药商蔡氏的后代，爱好文学、戏剧、音乐，不仅是复旦大学的首批女学生，还在上海国立音乐专科学校声乐系就读。启明书局最先推出的出版物有"中国新文学丛刊"十种，选编了当时最知名的一批作家的作品，分为《诗》《小说》《小品文》《书信》《日记和游记》等五类共十册。另一种"世界文学名著丛刊"数量更为庞大，前后出版百余种，有《茵梦湖》《父与子》《唐吉诃德》《我的童年》《初恋》《田园交响曲》《爱的教育》《金河王》《金银岛》《鲁滨逊漂流记》等，不但有畅销小说，还包括青少年喜爱的童话、故事、剧本等各种形式作品，以"本本名著、译笔流畅、售价低廉"推向市场，在出版业引起不小的反响。书局同时还出版"世界戏剧名著"若干种。

启明书局还以沈氏家族所收藏的四美堂藏碑帖为底本，出版了一大批供练习书法的字帖，以硬壳经折装普通开本印制，经久耐用，方便学生携带。针对各级学生和英文学习者，启明书局出版了大量英文自修书籍和辞典类工具书，以其深浅具备、门类齐全而吸引了广大读者。

沈知方1934年退出世界书局的管理岗位后，在自己的书斋粹芬阁内边养病边整理藏品，同时还潜心阅读国学古籍。在国学名家蒋伯潜、王淄尘等人的指导下，沈知方写成一部《语译广解四书读本》，交给儿子的启明书局出版，并托付亲友帮助此书推广。此书分别以平装（七册一套）和精装合订本形式出版，由张寿镛、唐文治、蔡丏因、蒋伯潜等多人题词作序，由于内容朴实平白、宣传力度大而多次再版，为书局带来颇为丰厚的收益。

启明书局诞生于抗战爆发前,经由沈志明、应文蝉夫妇的努力经营,以及来自家族前期打下的基础,十几年内取得了较大成就,出版书籍种数也达二三百种。启明书局还曾用过四美堂、古今书店、达文书局等副牌。

新中国成立前夕,沈志明将书局资产运往台湾继续经营,大陆的业务则由应文蝉的弟弟应启元等人接管,持续至1954年前后结束。

"中国新文学丛刊"之《日记与游记》　　"世界文学名著"之《悲惨世界》　　《苏联短篇小说选》

西风社/家出版社(1936—1952)

祖籍福建晋江的黄嘉德、黄嘉音兄弟均毕业于上海圣约翰大学,两人才华出众,学识广博,大学时修英文、历史、心理、新闻多门专业,而且都擅长文学翻译。

1936年9月,黄氏兄弟与林语堂、陶亢德等合作办《西风》月刊,由林语堂担任顾问,陶亢德提供场地。《西风》以"译述西洋杂志精华,介绍欧美人生社会"为宗旨。办刊不久后林语堂赴美,除了提供一些稿件外不再过问社务。兄弟两人则继续经营西风社出版业务至抗战胜利后。《西风》月刊以举办纪念征文来加强宣传,发掘新人作家,张爱玲小说《天才梦》曾在征文中获奖。1938年西风社再办《西风副刊》,内容以介绍国际经济、政治、文化为重点。不久后又创《西书精华》季刊,主要登载当代西方重要文学作品和畅销书的摘要。这三种西风社系列杂志成为全面介绍欧美风情的特色出版物,一度风靡沪上。

期刊畅销使西风社经营业绩不断提升,他们进一步印行单行本。前后出版30余种,其中"西风丛书"包括黄嘉德译《萧伯纳情书》《流浪者自传》、黄嘉音译《大地的叹息》、林语堂译《浮生六记》《有不为斋》、林疑今译《战地春梦》、毛如升译《扬州十日记》等;"西风社纪念征文集"包括《樊笼》《供状》《创痕》《默祷》等;"西风信箱"系列包括《彷徨歧途》《光明之路》《活地狱》《木偶戏》等;以及"西书精华小丛书""飞燕丛刊"等。

林语堂的英文名著《The Importance of Living》1937年在美国出版后,轰动读书界,被列入最畅销书排行榜。黄嘉德征得林语堂特许授权,将此书翻译成中文版《生活的艺术》于1940年出版,此书历数十年畅销至今日。黄嘉德翻译的作品还有长篇小说《下场》、编辑论文集《翻译论集》等。

抗战期间,西风社由黄嘉音主持迁往内地经营,先后在桂林和重庆继续出版《西风》和《西风副刊》。战后迁回上海继续出版,《西风》发行至1949年4

月,13年间出版共118期。抗战胜利后西风社在上海还发行过《光》《平论》两种时评期刊。

　　1946年,黄嘉音主持的以家庭卫生、妇幼健康为主题的《家》月刊创刊。家杂志社(又名家出版社)在《家》月刊内容基础上,出版妇幼保健为主题的系列单行本多种,如《胎儿的故事》《实用避孕法》《小儿疾病常识》《做母亲的准备》《四海为家》《实用育婴问答》等。黄嘉音还以心理学专家的身份,发表大量心理卫生和治疗方面的文章。新中国成立后,黄嘉音继续家出版社的书刊出版发行业务,并继续在心理学领域开展研究探索,出版《心理治疗三百例》等专著。家出版社在1952年停止经营。

《西风》

《生活的艺术》

《扬州十日记》

励力出版社/正气书局(1937—1954)

宁波商人刘汇臣1937年在天津成立励力出版社(又名励力印书局),他买下李寿民(还珠楼主)的长篇武侠小说《蜀山剑侠传》版权,此书在以后十多年内连续出版55集,逾500万字,成为中国武侠小说的史诗般巨著,直接影响金庸、温瑞安、倪匡等一批后世作家的创作风格。励力出版社还出版王度庐、刘云若、王小厂、郑证因、耿小的、白羽等一批平津地区作家的大量通俗小说。1940年出版朋弟漫画集《阿木林》。

由于内容涉及武侠、言情、侦探等方面的通俗文学作品非常迎合社会大众的阅读趣味,励力出版社很快到上海出版业核心区域望平街(今山东中路)209号楼上开设门市加强推广销售,一度购者踊跃,门庭若市。他们的出版物还通过上海迅速销往内地及海外。

抗战胜利后,刘汇臣将营业场地及部分著作版权转让他人。励力出版社迁入四马路(今福州路)复兴里5号继续出版王度庐、郑证因、陈挹翠、耿小的等著作直至1950年,后转往香港继续出版。

苏州人陆宗植在抗战时期曾办晨钟书局(又晨钟出版社),出版通俗文学作品如周瘦鹃的《新秋海棠》、朱瘦菊的《金银花》等。抗战胜利后,陆宗植在沪上进一步扩展书业经营。1946年8月,他与开办民光印刷公司的友人过维三联合接收了励力出版社的经营场地更名为正气书局,同时购入还珠楼主的《蜀山剑侠传》《青城十九侠》《蛮荒侠隐》《云海争奇记》《边塞英雄谱》等小说版权,正气书局继续邀请还珠楼主创作了多部新作品;同时还出版冯玉奇、白羽、沈心池、赵苕狂等人创作的各种武侠、社会、言情、侦探小说。1949年2月出版徐国桢编著的《还珠楼主论》,对小说家李寿民和他的作品进行了全面的介绍和评价。

除通俗小说外,正气书局还出版世界文学名著、青少年励志书籍、学校教辅书籍、大众趣味益智读物等。1946年出版冯子超编《中国抗战史》,这是战后出版的一部较完整的抗战历史文献。正气书局还并入方东亮的群众图书公司联合经营。他们还同广益书局、文益书局、春明书店、平剧研究社等同行合作出版发行大量书籍,与春明书店合作编印的一套作家文选中,包含鲁迅、郁达夫、徐志摩、丁玲、茅盾、巴金、冰心等人的作品。

新中国成立后,陆宗植曾请长辈颜文樑介绍画家绘编了一批连环画,如《龙须沟》《怪东西》等。正气书局的出版业务一直延续到1954年。

《假凤虚凰》

《龙虎铁连环》

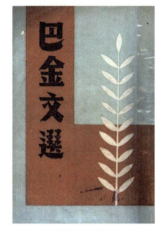

《巴金文选》

中国文化服务社(1938—1949)

1938年1月,国民党中央宣传部在武昌正式改组成立,拟组织中国文化服务社,办理出版和发行书刊业务等。原计划将总社成立于武汉,因抗战原因实际在1938年12月成立于陪都重庆。这是受国民政府控制的一家文化机构,总经理由原陈立夫秘书刘百闵担任,另一位负责人陈宝骅与陈立夫也是堂兄弟关系。它的经营范围广泛,分支机构覆盖全国,到1942年底,已有分社21所和支社、分销处559所。

中国文化服务社所计划开展的业务范围非常全面,有编印各种参考图书、制造文化用品、提供代办业务、办理资料供应、编送特约地方通讯、办理派报工作、代印国定教科书等。

1946年元旦,中国文化服务社在上海成立分社,社址设福州路679号。上海分社除门市部的销售发行业务外,也编辑图书出版,内容大多是面向百姓普及百科常识的大众读物,有《四十岁后无病生活法》《苏联归来》《峨眉风光》《商业英语会话》《词曲史》等。"青年文库"由程希孟、卢于道、杜佐周、朱伯康、吴恩裕联合主编,邀请李季谷、顾颉刚、萧一山、缪凤林、沈刚伯、钱穆、徐炳昶、邓广铭、贺昌群、傅斯年等担任编审委员,出版书籍有《清史讲义》《读书兴趣漫谈》《读书指导》《中国科学史举隅》《希腊神话捃华》《戏剧导演的初步知识》《大学院系选习指导》等。"国民文库"则针对市民日常生活,有《文书处理程序》《国民对外交际常识》《孕妇和产妇》《报关须知》《留学须知》等。"中国国民党丛书"有《陈天华集》《朱执信文存》等。

上海分社还继续出版1940年在重庆创刊的《读书通讯》半月刊,该刊邀请社会各界文化名人、学术专家发表文章,介绍人文、科学的前沿知识,推荐有阅读价值的出版物,鼓励民众阅读。《读书通讯》在上海出版至1948年总第163期。

这里需要补充的是,在1936年上海另有一家同名出版社出版了大量书籍,这家"中国文化服务社"实则为亚细亚书局更名后的延续,代表人唐坚吾就是原亚细亚书局的经理和发行人,出版书籍也都是原亚细亚书局的版本,只在当年重印了大量旧版书后便不再存续(详见本书"亚细亚书局")。

"青年文库"之《生物学与民族复兴》

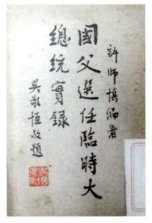
《国父选任临时大总统实录》

春风音乐教育社(1938—1940)

音乐教育家裘梦痕毕业于由丰子恺、刘质平、吴梦非等人创办的上海专科师范学校,他的同学中,不乏如缪天瑞、钱君匋、俞绂棠等音乐和艺术人才。裘梦痕参与创办新型艺术学校——立达学园,并在数十年间守护陪伴这所学校,直到自己教育生涯的结束。在他的辛勤培育下,贺绿汀、桑桐、汪毓和等青年音乐才俊脱颖而出。虽然裘梦痕的生平事迹至今尚不为人们所熟知,但他长期从事的研究和实践,为中国近现代音乐教育事业做出了卓越的贡献,发挥出承前启后的影响力。

在丰子恺的众多学生中,与丰氏最为相知相亲的便是裘梦痕。1927年,师生两人合编《中文名歌五十曲》,这本向中国近代学堂歌曲先驱李叔同致敬的歌本重版数十次之多。之后两人又合著了《洋琴弹奏法》《怀娥玲演奏法》《开明音乐教本》等多种音乐教材。1932年,立达学园在"一·二八"淞沪抗战中遭毁,无处居住的丰子恺曾迁居至法租界雷米路(今永康路)雷米坊,与裘梦痕上下楼为邻住了一个夏天。1937年抗战全面爆发后,丰子恺西迁途中暂住江西萍乡时,是裘梦痕将石门缘缘堂被毁的消息用明信片的方式及时传递给丰子恺。可知两人的联系是频繁的,裘梦痕对恩师的关心与爱戴由此可见一斑。

抗战期间,裘梦痕驻守沪上,全力安排被摧毁的立达学园复校事宜,同时继续致力音乐教材的编写工作。1938—1940年间,他自办春风音乐教育社出版这些教材。1938年1月出版《读谱法讲义》(次年再版改名《读谱法》),1939年1月出版《初中唱歌教本》《高中唱歌教本》《音乐常识》,这些书籍均按照教育部颁发音乐课程标准编写,出版时间都安排在开学前,显然是专为中学生音乐课所准备。《音乐常识》一书包括15节课程,分别是:音乐是什么、怎样欣赏音乐、中国音乐发达概况、西洋音乐发达概况、声乐的组成、声乐曲的分类、器乐的种类、器乐的组织、器乐曲的种类、乐曲的形式、单音与复音乐、古典派音乐及其代表作家、浪漫派音乐及其代表作家、标题音乐与绝对音乐、音乐与人生。

裘梦痕还为出版社设计了一个蕴涵艺术气息的标记,图案是一位乐队指挥在乐池中挥棒的剪影。春风音乐教育社地址在拉都路敦和里(现襄阳南路306弄)44号,而其出版物则交由开明书店、立达学园、北新书局等发行。据此推测,版权页上所列地址很有可能是裘梦痕的住处。敦和里这条位于上海法租界的弄堂,曾居住过马宗融、巴金、毕修勺、黄源等文化名人,生活书店出版的大型文学期刊《文学》编辑部也曾设于这条弄堂内。

值得一提的是,在裘梦痕创办春风音乐教育社的同时,他的同窗好友钱君匋在沪上创办了专门出版音乐绘画等艺术类书籍的万叶书店。万叶书店成功经营十数年,直到新中国成立后改组成如今的人民音乐出版社(详见本书"万叶书店")。

春风音乐教育社标识

《读谱法》

万叶书店(1938—1954)

万叶书店被称为"中国第一家音乐出版社"。实际上由钱君匋(1907—1998)主持的万叶书店,不仅音乐题材类出版物领先同业,而且还出版美术、文艺类书刊和教科书,也自办印刷厂承接业务。钱君匋在出版上采取"人无我有,人有我新"的理念,并凭借多元化的经营、勤勉不懈的努力,使万叶书店在民国后期颇为动荡的阶段,依然招募到足够的股本,顺利稳定地发展壮大。

1938年7月,钱君匋与李楚材、顾晓初、陈恭则等六人合资600元创办万叶书店,店址初设于海宁路咸宁里11号,以后曾分别迁往天潼路宝庆里39号和南昌路43弄76号。

万叶书店最初策划一种《小学活页歌曲选》,使用沈心工、李叔同、邱望湘、陈啸空等人创编的学堂乐曲,有书籍装帧特长的钱君匋精心设计了由谱号构成图案主题的封面,这份非常适合小学音乐教学的出版物深受欢迎,很快为万叶书店带来可观收益,并且连续出版了三百种。

万叶书店进一步开发出版学校教学辅导读物,请多位教育界名人编写各种学科的读本,有《小学音乐课本》《中小学图画教学法》《国语副课本》《算术副课本》《常识副课本》《自然副课本》《社会副课本》等。这些书籍宣传爱国主义思想,提倡中华民族振兴的理念,在抗战时期的中国具有积极的意义,受到各界赞赏。

万叶书店还出版了多种画册,包括蜡笔画、水彩画、铅笔画、毛笔画等各种形式,画家费新我创作了其中的多种作品,如《万叶铅笔画》《万叶水彩画》《万叶蜡笔画》等。

钱君匋不忘请自己的恩师丰子恺助阵,不仅编印丰子恺的作品《子恺漫画选》《劫余漫画》《毛笔画册》《音乐十课》等,还出版了丰子恺的第三本散文集《率真集》。新中国成立后,万叶书店继续出版了丰子恺著译的《绘图鲁迅小说全集》《音乐知识十八讲》《管乐器及打击乐器演奏法》《阿伊勃里特医生》,以及丰子恺与女儿丰陈宝、丰一吟合作的《中小学图画教学法》《音乐的基本知识》《贝多芬及浪漫派乐》。

万叶书店还出版大量的文艺类书籍。"万叶文艺新辑"除丰子恺《率真集》外,还有巴金著《旅途杂记》、靳以著《血与火花》、臧克家著《宝贝儿》、王西彦著《乡下朋友》、索非著《龙套集》、田涛著《希望》等;"万叶戏剧新辑"则包含李健吾著《金小玉》、舒湮著《浪淘沙》、袁俊译《审判日》、石父华著《职业妇女》等;此外还有"中苏文化协会文学丛书""万叶青年读本新辑""万叶译文新辑"等丛书。

1941年下半年,万叶书店改组为股份有限公司,公开募集资金,资本扩充至十万元。抗战胜利后,万叶书店的书籍及时填补了教育部门教科书编订能力不足的空白,营业额大幅上升。钱君匋进一步向社会招资扩股,除了在天潼路和南昌路分别租用和购置更大面积的房屋外,还在四川北路四达里内投资了一家印刷厂,使万叶书店成为编印发一体化的出版机构,一时享誉沪上。

随着战后局势趋稳,出版业竞争加剧,钱君匋与音乐家缪天瑞等人商定专注于音乐史、音乐理论和乐谱的编辑出版。缪天瑞在万叶书店出版的译著有《音乐的构成》《曲调作法》《和声学》《对位法》《曲式学》《应用对位法》《乐理初步》等。

丰子恺作《劫余漫画》

1953年,万叶书店并入新音乐出版社,1954年公私合营后迁往北京加入音乐出版社,此即人民音乐出版社的前身。

"万叶文艺新辑"之索非著《龙套集》

"万叶文艺新辑"之巴金著《旅途杂记》

风雨书屋/中华大学图书公司(1938—1939)

1937年上海"八一三"战事发生后,钱杏邨(阿英)受党的委派留守在上海开展工作。1938年夏,阿英提议编辑出版以抗战为主题的资料性刊物《文献》。在八路军驻沪代表刘少文的幕后指挥下,在实业家陈志皋、黄慕兰夫妇的支持下,"纪念抗战建国的伟大史迹"的《文献》月刊于1938年10月10日以风雨书屋名义正式发行。《文献》前后共出版八期,另有《文艺文献》和《妇女文献》两种副册。该刊选载来自上海、大后方以及各中共根据地的报刊上的文章,尤其大量报道了中共将领和陕北根据地等动态,有毛泽东、朱德、周恩来、彭德怀、叶剑英等人的抗敌报告,有新四军、延安抗大、陕甘宁边区的活动报告。

黄镇将军在红军长征途中创作了一组漫画,其中部分被拍成相片,经历辗转由萧华带至上海交给阿英。这些画作在《文献》创刊号上首次露面,以后又被印成单行本《西行漫画》出版,风雨书屋称赞此画册"充分显示了中国民族的不可侮,是中国自己的漫画,也将是中国漫画史的划时代作品"。如今此书已成极为珍贵的红色文献。

风雨书屋出版的单行本中有毛泽东的《抗日游击战争的战略问题》《论持久战》、阿英的《论中国抗战必然胜利》《剑腥集》等,还有《怎样动员青年学生》《陕北的青年学生生活》等。风雨书屋出版的"海角遗编"丛书主旨即弘扬民族气节,激励全民抗敌。吴梅著《风洞山传奇》的封面以"还我河山"四个大字衬底,其他有我佛山人著《痛史》、宁太一著《民族诗话》、七峰樵道人《七峰遗编》等。另有"风雨戏剧丛书"两种,为阿英改编三幕剧《桃花源》和于伶创作五幕剧《花溅泪》。

风雨书屋的编辑部设在陈志皋夫妇的通易信托公司内。为避免日寇对抗日宣传品的搜查,他们还在租界内宁波路130号以中华大学图书公司的名义开展发行工作。1939年,编辑部突遭公共租界巡捕房搜查,工作人员侥幸逃脱,但风雨书屋就此停止出版发行工作。

　　风雨书屋虽仅存不到一年,但是其出版的进步文献对全民抗战及共产党解放事业发挥了重要的作用。

《文献》创刊号版权页

《风洞山传奇》

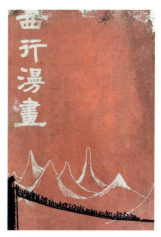

《西行漫画》

亚伟图书出版社(亚伟速记学校)(1938—1952)

近现代上海出现的众多速记学教育机构之中,最为成功的当属唐亚伟创办的亚伟速记学校。作家、藏书家韦泱在查阅了多种文献后,写成《唐亚伟:中国唐氏速记文化奇人》一文,全面展示了这位为中国速记事业做出杰出贡献的人物生平。

唐亚伟1915年出生于湖北宜昌一个贫困的工人家庭,12岁丧父,随母亲四处漂泊求生。但他天资聪慧,勤奋求进,品学兼优。在南昌读中学时,受清末外交官蔡锡勇的《快音传字》的影响,"感到速记是一种对人类文化极为有益的学术"。他从国外的速记法入手,结合他人的成果,探索中文速记的更广阔的发展途径。

抗战时期唐亚伟来到重庆,一边担任记录员的工作,一边总结自己的研究成果,最终编成《规范化亚伟中文速记学》讲义。他借钱创办亚伟中文速记学社传授速记方法,不久更名为亚伟速记学校。抗战胜利后,唐亚伟决定把亚伟速记学校迁到文化和教育中心上海,学校从此落户迪化南路(今乌鲁木齐南路)398号。事实证明他这个决定非常有预见性,他的速记学事业迅猛发展,函授学员数量当年达到3500人,以后发展超过万人。他又开办住读专修班,学员遍及海内外。当时上海的报纸上,几乎每天能见到亚伟速记的广告语"人人识字、人人速记",并称赞"唐亚伟教授发明的速记术具有简单化、科学化、艺术化、国际化的四大特点,为我国最完善、最普遍之方式,为我国速记学术划一崭新时代"。

唐亚伟抓住这一机遇,增设亚伟图书出版社。他将重庆时期创刊的《亚伟速记月刊》充实扩版继续在上海印行,又开始出版"速记丛书",除了自己的专著外,还有邓顺纲的《速记学习法》、李曼寅的《速记经验谈》、邓纲的《怎样记录人名》、刘捷声的《中国各式速记评述》等。1947年,由萧林撰写的唐亚伟个人传记《速记学家》出版,作为曾经的学员和当时学校的主要负责人,作者近距离详细刻画这位速记界专家的传奇人生。

1948年4月,亚伟速记学校创办十周年,举办庆祝大会,《亚伟速记月刊》出版专辑,唐亚伟在《十周年感言》中提到他的企业获得的主要成就:"第一,是我们在学术本身的进步,已促使中国速记学术进入了另一个新的时代;第二,是已集合天下英才组成行中国速记学术的广大阵线,他们已分布在全国和海外各地,直接间接从事着这一伟大的运动;第三,是在社会信誉的建立,使各界人士对速记学术有一正确的认识和普遍的重视;第四,是对学术文化的贡献,使速记学术发挥了最大的效力。"

亚伟图书出版社目录

新中国成立后,唐亚伟随同避居香港的进步人士北上投入到新中国的建设中,亚伟速记学校在总部迁往北京后交由政府管理。

《速记学家》

《亚伟速记月刊》

金星书店/霞社(1938—1941)

谢澹如(旦如)(1904—1962)被研究者称为"中国共产党文化战线上的忠实朋友"。他家境富裕,自少年时代便热爱文艺,全心投入其中。1921年谢澹如与应修人等共同创办上海通信图书馆。1922年,他加入湖畔诗社,并出版了他唯一的一部诗作《苜蓿花》。1929年,他与周全平开办西门书店(后改名公道书店),编印《出版月刊》等并经售左翼文艺刊物。1930年,谢澹如加入左联,同共产党关系更为密切,他利用开办的书店和公司作掩护,为党组织开展工作提供了有力支持。

1931年,谢澹如邀请瞿秋白夫妇入住自家三楼,成功地掩护他们在上海隐居数月。其后,他又冒险保存方志敏、瞿秋白等烈士手稿并将其出版问世。这些已成为谢澹如生平中引以为荣耀的事迹。

1938年至1941年期间,谢澹如在上海九江路210号四楼办金星书店,展开持续数年的出版工作,关于这段经历目前史料中提及较少。金星书店首先策划出版"国际文艺丛刊",全部是翻译国外著作。1938年8月,出版王凡西翻译法国作家马尔劳介绍省港大罢工的著作《中国大革命序曲》。其后,绮汶译《意大利的脉搏》、王凡西译《震动世界的十日》、刘若村译《希特勒的间谍》相继出版。这套丛刊还计划出版戴望舒译《人的希望》、闵希之译《纳粹贫血症》、楼适夷译《黎明》等,终未能付梓。1940年,金星书店出版"易卜生戏曲全集"之《傀儡家庭》,由芳信翻译,1941年出版石灵译《鹰革尔夫人》,另有《小约夫》和《罗斯麻商》未见出版。以海潮社之名出版的"马恩名著译丛",虽然仅出版了由郭和翻译的《法兰西内战》一种,但根据预告的书目,这套丛书计划出版的有《马恩名论选》《马恩通信集》《政治经济学批判》《英国工人状况》《拿破仑第三政变记》《哲学之贫困》等共十种,由此可见谢澹如对出版马恩著作的重视程度和详尽策划。这套丛书最终未能全数出版的原因尚待探究。

金星书店最重要的出版物是以霞社名义出版的瞿秋白著作数种,1938年5月出版《乱弹及其他》,1939年出版《社会科学概论》和《新哲学——唯物论》,1940年出版《街头集》,另一种《无产阶级政党之政治的战术与策略》则以新时代出版社之名在1938年出版。霞社同时还出版了《方志敏自传》,其中包括谢澹如保存的方志敏的《清贫》和《可爱的中国》两篇遗作。金星书店之所以不断变化出版者的名字,甚至在有些出版物上不具发行人和具体地址,显然是考虑到这些书籍的政治敏感性,为避免当局者的搜查和惩罚而采取的措施。

1941年太平洋战争爆发后,上海租界沦陷。谢澹如忍痛销毁大量抗日进步书刊,随后避居香港,金星书店遂停止营业。

郭和译马克思著《巴黎公社》

瞿秋白遗著《乱弹及其他》

霞社校刊

亚光舆地学社/大中国图书局(1938—1954)

1938年秋,曾经在上海舆地学社担任过实习生,已具备熟练地图绘制技能的金擎宇,同两位兄长金振宇、金纬宇合资创办亚光舆地学社,社址位于租界内慕尔鸣路(今陕西北路)86弄3号。当时由于受到抗日战事影响,市面上地图供应极为紧缺,广大民众则因关注国家形势而更迫切需求看到新版的地图。金氏三兄弟通力协作,夜以继日地赶制了一种《袖珍中国分省详图》,出版后即受到书业同行和读者的广泛欢迎,成为热销读物。此版地图在以后十多年内不断再版,畅销不衰。

以后几年,黄镜湖、黄镜澄等编绘专家先后加入亚光舆地学社,《东南各省详图》《袖珍世界分国详图》《小学中国地图》等十多种地图陆续出版。金氏兄弟克服了因战事造成的邮路障碍,使用各种手段将这些地图运往各大城市和内地后方,连延安和其他革命根据地也能看到"亚光"版的地图册。

1941年太平洋战争爆发,日军占领上海租界。金氏三兄弟在得知他们被列入日军缉捕的名单后,决定将出版业务全部迁往内地。他们带着部分图版设备,经屯溪、金华、衡阳、桂林、贵阳等地,最后到达重庆。1942年夏天,亚光舆地学社开始恢复地图出版,并且根据二战的局势编绘了《中印缅地区形势图》《开辟欧洲第二战场形势图》等新图。

1942年秋,金擎宇结识了同在重庆的史学家、中央大学教授顾颉刚,出于对于编图的共同兴趣,他们决定合作成立"中国史地图表编纂社",以辅助亚光舆地学社的地图出版业务,由顾颉刚和地理学家李承三任正、副社长,金擎宇担任总干事。1943年,金擎宇与丁君匋、陈铎、顾颉刚等合作筹建大中国图书局,并请顾颉刚担任总经理兼编辑所所长。

抗战胜利后,在渝人员纷纷回迁上海,大中国图书局于1946年7月1日在四川北路8号正式开业,编辑部则设于不远处的南仁智里45号内。大中国图书局与亚光舆地学社合二为一,共同推进出版业务。亚光舆地学社吸收了多位地图编绘人员参与地图、挂图制作,品种扩大至50多种,而大中国图书局则负责各类出版物的发行工作。

大中国图书局还开展以史地书籍为主的出版业务,其中顾颉刚、丁君匋主编的"中国历史故事小丛书",包括《曹操统一北方》《信陵君劫符救赵》《赵武灵王胡服骑射》《田单复齐》《关羽单刀赴会》《蔺相如完璧归赵》《商鞅立法》等数十种。此外还出版聂家裕编《初级中学历史辅导书》、丁山著《地理与中华民族之盛衰》、叶琛著《体育的基本原理》、王维屏著《中国政治地理》、菽园著《游美杂记》等多种书籍。

此后,大中国图书局和亚光舆地学社分别加入通联书店和地图联合出版社继续经营,直至1954年公私合营后终止。

《袖珍世界分国精图普及本》

《游美杂记》

"中国历史故事小丛书"之《信陵君劫符救赵》

夜窗书屋（1938—1949）

《生与死》

徐訏自中学起辗转于北平、上海两地，深受新文化运动影响。1937 年"七七事变"后，他中断了在法国巴黎的学业，告别异国恋人，于 1938 年初回到上海。徐訏自办夜窗书屋，将留学期间创作的小说《鬼恋》出版。这部小说大获成功，增强了徐訏的写作热情。此后的三年多时间成为他创作生涯的首个黄金期，夜窗书屋连续出版了他的小说、散文及剧本，有《春韭集》（1939）、《吉布赛的诱惑》（1940）、《一家》（1940）、《生与死》（1940）、《西流集》（1940）、《成人的童话》（1940）、《海外的情调》（1940）、《孤岛的狂欢》（1941）、《荒谬的英法海峡》（1941）、《精神病患者的悲歌》（1941）、《月光曲》（1941）、《兄弟》（1942）等。而且高产写作似乎并不影响他作品的质量，这些著作不断重版，如《精神病患者的悲歌》到新中国成立前已印到 20 版，《一家》也重版 14 次之多。徐訏以"三思楼月书"命名他的一系列作品。夜窗书屋其时只有虚名并无实处，只是借用了黄嘉音的西风社的地址。

1941 年上海租界沦陷后，徐訏逃离上海一路辗转历经险阻前往重庆。1944 年被《扫荡报》委派驻美特派员常驻美国。1946 年夏天他回到上海，继续写作和出版。他将重庆时期创作的描写上海"孤岛"时期爱国青年抗日救亡的长篇小说《风萧萧》，交给刘以鬯办的怀正文化社出版，即刻畅销书市。怀正文化社还出版了徐訏的《灯尾集》（"怀正文艺丛书"之七）。此后徐訏又进入一段三年多时间的创作期，陆续完成《旧神》（1946）、《烟圈》（1946）、《阿剌伯海的女神》（1946）、《蛇衣集》（1947）、《潮来的时候》（1948）、《幻觉》（1948）、《四十诗综》（1948）等作品，仍以夜窗书屋之名出版，而经售则全部交给怀正文化社。1949年4月出版的《婚事》是徐訏在大陆出版的最后一部作品。1950年,他告别新婚妻子和初生女儿离沪赴港,从此再也没有回来。

1995年,《鬼恋》由画家陈逸飞改编并执导为电影《人约黄昏》上映,轰动海内外,徐訏这个早已在中国大陆被淡忘的名字再度被大众知晓。

徐訏著《阿剌伯海的女神》

海燕书店(1939—1954)

俞鸿模(1908—1968)生长于印尼华侨富商家庭,毕业于上海复旦实验中学,后赴日留学明治大学。他参加过左联作家联盟东京支部,曾到过延安,也曾秘密加入新四军。

1938年,俞鸿模离开延安到武汉办海燕出版社,后因与上海的一家出版社同名而改名海燕书店。1939年冬,俞鸿模在香港筹办完新知书店办事处后回到上海,次年在新知书店同人蒯斯曛、王任叔等的协助下恢复了海燕书店的出版经营。海燕书店最初出版的程造之《地下》和任何《伟大的教养》被列入由王任叔主编的"新地文学丛书"。此后两年里,海燕出书30多种,有王任叔著《前夜》《两代的爱》《窄门集》、程造之著《沃野》、萧军著《从临汾到延安》、林淡秋著《交响》、蒯斯曛译《新时代的曙光》、穆俊译《被束缚的土地》《初恋》、金人译《荒漠中的城》、什之译《有钱的同志》、之分译《列宁是我们的太阳》等。

俞鸿模在武汉时结识胡风并向他约稿,胡风将"七月诗丛"三册《向太阳》《为祖国而歌》《突围令》交稿出版后,又将其主编的"七月文丛"中阿垅的抗战报告文学《闸北七十三天》以及邱东平《第七连》、陶雄《0404号机》、萧军《侧面》、曹白《呼吸》交海燕出版。胡风曾回忆同俞鸿模的合作:"每一本书印出来,都有着它的特色和风格,我们一起愉快地欣赏这些劳动果实。"由于与中共方面的密切合作,为避免当局的稽查,海燕书店的出版物版权页上经常显示香港的地址。

1941年冬太平洋战争爆发,日军控制租界,新知书店撤离"孤岛",海燕书店也因时局所迫而停业。抗战胜利后,1946年10月俞鸿模再度复业,与群益出版社、云海出版社合租山阴路恒丰里77号成立群海联合发行所。原来托付新知书店保管的几十副纸型在战事中全部损毁,他只能另起炉灶,重新排印书籍。首度出版的是高名凯译巴尔扎克的"人间喜剧系列"之《杜尔的教士》《毕爱丽黛》，程造之的三部曲最后一部《烽火天涯》，"七月文丛"继续出版《挂剑集》《结合》《人生赋》《她也要杀人》《锻炼》《论民族形式问题》《受苦人》《又是一个起点》等，加上战前的一些出版物被重排印出。

海燕书店还承担了出版部分郭沫若文集的工作，主要负责其自传、小说和散文的出版，陆续出版了自传第一卷《少年时代》、第二卷《革命春秋》，论文集《今昔蒲剑》和《历史人物》，小说散文集《地下的笑声》和《抱箭集》。新中国成立前夕，俞鸿模曾赴香港处理家族生意，委托他人管理海燕。

新中国成立后，俞鸿模回到上海继续海燕的出版事业，与林默涵等合作落实原计划的"新青年学习丛书""百科问答小丛书"等出版工作。1951年春，海燕书店宣告业务介绍，公私合营并入新文艺出版社。

《文学初步》　　　　《她也要杀人》　　　　《历史人物》

作家书屋(1939—1955)

浙江诸暨人姚蓬子(1905—1969)本名姚杉尊,他在浙江完成中学学业后考入北京大学,逐渐成长为既关心政治也热爱文艺的新青年。姚蓬子步入社会后担任出版社编辑,并从事文学创作。他曾在左翼作家联盟和全国文艺界抗敌协会担任要职,交游甚广。他也曾在国共两党之间摇摆不定,使他声名受损。虽然人生轨迹起伏波折,但他总能凭借才华和机智安然度过。

作家老舍曾在《姚蓬子先生的砚台》一文中,对姚蓬子1942年在重庆时期办的作家书屋有过一番幽默甚至带点嘲讽的调侃。当时老舍与姚蓬子同在全国文艺界抗敌协会工作,他出资帮助姚蓬子成立了作家书屋。姚蓬子利用自己在出版界和文化界的关系,出版以文学为主题的书籍,张天翼著《论人物描写》、郭沫若著《童年时代》《反正前后》、冯雪峰著《乡风与市风》、陈子展著《唐代文学史》、沈起予译卢梭《忏悔录》、老舍著《小坡的生日》、朱自清著《新诗杂话》等在作家书屋陆续出版。作家书屋经营比较稳定,姚蓬子策划了"当代文学丛书""作家剧丛""法国文学名著译丛""现代世界文学名著""世界政治思想古典名著""儿童文库"等多种主题图书,试图全方位开展在文化领域内的出版事业。

抗战结束后,姚蓬子就回到沪上继续出版经营,作家书屋宣布:"虽明知收复区经济枯涸,邮运未畅,文化工业之展开尚非其时,但仍不辞艰困,自渝迁沪,继续出版工作。今后当一秉过去抗战时代之奋斗精神,为未来新文化之建设努力。"姚蓬子居吕班路(今重庆南路)万宜坊84号,作家书屋则设于中正中路(今延安中路)610号内。作家书屋非常重视鲁迅著作的出版,在重庆时期先出版孙伏园著《鲁迅先生二三事》,后又刊行鲁迅作品单行本多种,有《中国小说史略》《朝花夕拾》《彷徨》《毁灭》《华盖集》《野草》等。迁回沪上后《鲁迅先生二三事》作为"鲁迅研究丛刊"之一再版,1948年《鲁迅全集》三版发行,作家书屋承担了印刷和总经售的工作。

对共产党人寄予同情和理解的姚蓬子在抗战胜利后敏锐察觉到国共两党势力上的变化,作家书屋的出版也明显倾向于一批进步作家,冯雪峰《论民主革命的文艺运动》、戴望舒《唯物史观的文学论》、华岗《中国历史的翻案》、胡风《在混乱里面》纷纷出版。1946年推出周而复主编的"北方文丛",收录了丁玲《边区人物风光》、何其芳《回忆延安》、刘白羽《黎明的闪烁》、周扬《表现新的群众的时代》、萧军《八月的乡村》、陈荒煤《新的一代》等作品。

1948年作家书屋出版"电影小说丛书",将电影《街头巷尾》《新闺怨》《万家灯火》《关不住的春光》《丽人行》《西湖春晓》《一江春水向东流》等编成小说配以影片剧照、演职员人物表,出版后得到读者好评。1949年以后,作家书屋继续经营,并出版了大量苏联读物。1955年公私合营后并入新文艺出版社。

朱自清著《新诗杂话》

蔡楚生著《一江春水向东流》

沈起予译卢梭著《忏悔录》

中日文化协会上海分会/东方文化编译馆(1941—1945)

中日文化协会上海分会成立于1941年1月,地址在咸阳路30(今陕西南路上马勒别墅内),对外宣称其工作是加强中日两国文化沟通,而实质是对沦陷地区的中国国民施以殖民文化渗透。协会出版"文协丛书"数种,其中林子青编《弘一大师年谱》在1993年增订为《弘一大师新谱》出版,至今仍是关于弘一大师最完整的一部年谱。其他有陈公博《日本一瞥》、周化人《中日文化讲话》、善之助《中日文化交流》等。

1944年6月,中日文化协会上海分会内成立专事出版业务的东方文化编译馆,该馆也称东方书局。成立东方文化编译馆是日本政府意图进一步推进其文化侵略,实现其"大东亚共荣圈"战略的又一措施。该馆邀请中日双方文化界名流加入,计划展开大规模的出版工作,馆长由陈彬龢担任,中方常务董事还有赵正平、吴湖帆、李权时、陶晶孙,日方管理人员有小竹文夫、中田丰千代、吉田东祐、武田泰淳、中岛俊一等人。出版计划颇为广泛,除介绍日本文学名著外,还打算出版日文的社会科学、自然科学以及"中国研究丛书"等。至1944年9月底,已翻译完成各类著作近二十种,翻译中和计划翻译的书目有六七十种。截至1945年4月,实际出版石原纯之著《我们的日常科学》、大原洋三著《再寄中国青年》、小泉八云著《一个日本女人的日记》、中村孝也著《日本文化史话》、武者小路笃著《青年人生观》、冈崎文夫著《中国史学》等。

该馆出版赵继圣主编之综合性月刊《东方学报》,发表文化研究的学术论文,至1945年5月共出版四期。1944年10月出版创刊号"东方文化特辑",刊赵正平《东方文化之特质》、樊仲云《中国本位解》、吉田东祐《西洋文化与东方文化》等文章,以后各期分别为"中国思想与日本""民族问题""印度"等专号。1945年8月日本宣布战败投降,东方文化编译馆结束其短暂的运营生涯。

《弘一大师年谱》　　　　"东方文化丛书"之《中国史学》　　"东方文化丛书"之《日本文化史讲话》

古今出版社(1942—1944)

在创办古今出版社之前,朱朴(1902—1970)在汪精卫政府中担任过中央委员、经济委员会委员、组织部副部长等职,他也在商务印书馆、国际编译社等处从事过编辑出版工作,在政、学、商各界内有广泛的人脉基础。

1942年10月,为缓解丧妻失子之剧痛,也为释放自身的文艺情怀,朱朴在亚尔培路(今陕西南路)2号办古今出版社,当年10月由周黎庵主编的《古今》半月刊创刊。凭借朱朴的号召力,此刊一时成为沦陷期上海滩上一份极具人气的文史期刊,特约撰述人有冒鹤亭、瞿兑之、周作人、徐一士、梁鸿志等社会各界名流。离婚不久的女作家苏青也因在该刊发表了风格大胆尖锐的散文《论离婚》后名噪一时,并因此结识时任上海市长的陈公博,在得到对方赏识和帮助后,开了自己的出版社。1943年,朱朴邀陶亢德主编《东西》杂志,惜只办了两期便告停刊。

古今出版社还出版"古今丛书"三种,分别是周佛海的《往矣集》、周作人等人合集《蠹鱼篇》、徐一士的《一士类稿》。其中周佛海的《往矣集》系他在《古今》上所刊的文章集结而编成,是他错综复杂的政治生涯的真实回忆,陈公博在此书跋中道出了身陷政治泥潭的烦恼:"我独羡慕文人而不能为,安得有日摆脱尽那些劳什子,痛痛快快的写尽我要想写的事和说尽我要说的话呢?"该书1943年1月初版以后,好评如潮,一年内连印八版,到1944年11月,竟然印到11版共计2.9万册,连作者本人都感到不可思议。

在经营古今出版社期间,朱朴与监察院长梁鸿志之女梁文若喜结连理,1944年3月举办了隆重的仪式,各界名流到场祝贺,场面热烈。

1944年10月,朱朴在《古今》第57期上发布"小休辞":"我们检讨过去《古今》上所发表的文字,大都是属于怀古伤今之作,所谓同声相应是也。至于执笔的人物,则颇多'遗老''遗少'之流,所谓物以类聚是也。这些当然都是不合时代的'落伍者',那里谈得上什么'报国'和'革命'等等的大题目呢?

所以,同人等都觉得非常惭愧,诚所谓不胜战栗惶悚之至!"他在悼念幼儿去世三周年的极度消沉情绪中结束了古今出版社的经营,举家迁居北平,离开政治圈和文化界,潜心于字画赏玩之乐。晚年的他移居香港,更名朱省斋,专注于书画鉴藏和经营。

《古今》　　　　　周佛海著《往矣集》　　　　《蠹鱼篇》

群益出版社（1942—1951）

1942年8月，在中共南方局的资助下，群益出版社在重庆成立。郭沫若从妻子于立群和侄子郭培谦（宗益）的名字中各取一字来命名此出版社。郭培谦担任出版社经理，他的内弟刘盛亚担任总编辑。很明显群益出版社是由郭沫若主持的家族出版社，出版主题也围绕郭沫若著作展开。

抗战胜利后，群益出版社辗转香港后迁至上海。吉少甫由新知书店被派往群益出版社负责办理具体社务，总编辑则由冯乃超担任。他们同海燕书店、云海出版社在上海山阴路恒丰里77号联合办公，形成"各自出版，统一发行"的合作模式。接到为郭沫若出版全套文集的任务后，出版社同全市各出版机构、旧书店、旧书摊以及私人藏家联系，搜集了郭沫若以前的各种作品版本，陆续制成新版发行，全部书目如下：

历史剧丛书：《虎符》《孔雀胆》《南冠草》《屈原》《棠棣之花》《筑》。

史学论著：《屈原研究》《十批判书》《青铜时代》《中国古代社会研究》。

译著：《浮士德》《浮士德百三十图》《美术考古一世纪》《艺术的真实》《德意志意识形态》《政治经济学批判》《少年维特之烦恼》《赫曼与窦绿苔》《石炭王》《茵梦湖》。

诗歌散文杂文集：《凤凰》《蜩螗集》《波》《南京印象》《盲肠炎》《羽书集》等。

群益还与海燕书店合作出版了郭沫若自传《少年时代》《革命春秋》以及《历史人物》《今夕蒲剑》《地下的笑声》《抱箭集》。

在上海不到四年间，群益出版社将郭沫若的新旧作品进行了一次较为完整的整理和出版。

吉少甫请美编梁琛设计了社标。一支打开的钢笔穿过一卷纸，纸上"群益"两个立体美术字托着一本打开的书本，寓意着作家从写作到出版的过程。画面左侧那只蘸着墨水的钢笔笔尖，犹如刺出的宝剑，很具震撼力。

群益出版社在上海还出版了阳翰笙、陈白尘、夏衍、刘盛亚、陈瘦竹、陈原、戈宝权、瞿秋白、蔡仪、茅盾、丁聪等数十位作家的创作、翻译作品。分为"群益翻译剧丛""群益现代剧丛""群益文艺丛书""群益创作文丛"等不同系列出版。

上海解放后，群益出版社在四川北路850号门市继续营业，直至1951年5月与海燕书店等几家出版社合并成立公私合营的新文艺出版社。

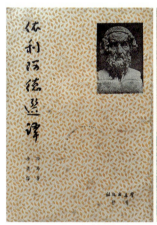

徐迟译荷马著《依利阿德选译》　　　陈白尘著《大渡河》　　　郭沫若译歌德著《浮士德》

太平书局（1942—1945）

1941年底太平洋战争爆发后，侵入租界的日军报道部接管英商别发洋行印刷所并委托日本摄影师名取洋之助管理。1942年，位于香港路117号的印刷所被正式命名为太平出版印刷公司，发行人管东生。当年9月，发行日人在沪组织上海漫画学会编辑的《上海生活》漫画集以及《儒教之精神》（武内义雄著、高明译）、《日本语中国语会话集》等书籍，并出版综合性文艺杂志《太平月刊》。

1943年夏，书局迁往小沙渡路（今西康路）489号，并以太平书局名义开展出版业务。名取洋之助邀请时任汪伪政府宣传部的草野心平为书局顾问主理出版。此后出版章克标、柳雨生、张庸吾、潘予且、秦瘦鸥、纪果庵、许竹园、韦瑞生等人所编著译作品《青年》《予且短篇小说集》《现代日本小说选集》《二舅》《黎明》《两都集》《余生》等。

1943年4月，由柳雨生主编的文艺杂志《风雨谈》创刊，这份号称精彩绝伦的第一流文艺期刊内有包天笑、秦瘦鸥、苏青等新老作家的小说，还有周作人的《药堂语录》、沈启无《关于新诗》、周黎庵《我的童年》等散文，陶亢德《谈杂志》一文讲述了他十多年来参与编辑杂志的经历。《陶亢德文存》的编者祝淳翔统计，截至1948年，陶亢德编过的杂志总计有19种之多。1943年底，名取洋之助在日本邀请参加大东亚文学者大会的陶亢德和柳雨生接管上海的太平书局；1944年2月底，结束日本之行返沪后的陶、柳二人正式上任。此时书局已顶下福州路342号原四如春面店，经装修后设立发行所。4月出版的《现代散文随笔选》收录周作人、纪果庵、沈启无、潘予且、文载道、陶亢德、周黎庵、苏青、班公、温源宁、秦瘦鸥、龙沐勋、戴望舒等人的作品。6月15日，太平书局正式开张并对外宣布了人事改组，由陶亢德和柳雨生负责书局的所有业务。此后出版了陶晶孙《牛骨集》、路易士（纪弦）诗集《出发》、柳雨生《怀乡记》、谭正璧《夜珠集》、文载道《风土小记》、杨之华《文艺论丛》、杨光政《入狱记》、丁谛《人生悲喜剧》、周越然《六十回忆》、谭正璧编《当代女作家小说选》等。陶亢德将自己的文集《甲申集》也纳入出版计划中,可惜此书未见付梓。周作人的《苦口甘口》和《立春以前》也分别在1944、1945年出版。

1945年,太平书局只出版了瞿兑之《人物风俗制度丛谈(甲集)》、徐一士《一士谭荟》、何若《杂文(甲集)》、予且《七女书》、谭惟翰《海市吟》等几种。抗战结束后,太平书局在1945年9月13日发布结束告示,其所有产业由国民政府背景的正言出版社接管。

陶晶孙著《牛骨集》

《风雨谈》

《两都集》

天地出版社（1943—1945）

少年时代的苏青（本名冯和仪），曾在自己家里办过一份全部手誊的家庭杂志，既满足了自己文学创作的愿望，也体验了当编辑的滋味。成年后的苏青，在经历了一段曲折磨难的婚姻生活后，终于实现了成为作家、出版人的人生愿望。

尽管婚姻不幸，苏青的写作道路却是一帆风顺的。1942年秋天开始，她的一系列文章在《古今》杂志上发表，有《论离婚》《再论离婚》《论红颜薄命》《谈做官》等。这位性情率真、文笔出众的女子不仅得到发行人朱朴的关注和提携，而且还得到汪伪政府第二号人物陈公博的赞赏。

1943年，在陶亢德帮助下，苏青的自传体小说《结婚十年》在柳雨生主编的《风雨谈》杂志上连载。苏青很快成为令人瞩目的女作家，她与张爱玲也成为知己，一时间海上文坛双星闪耀，珠联璧合。写作上取得成功的苏青并不甘心把自己的作品交给别人打理，她进而萌生了办出版社的念头。1943年10月10日，苏青主编的《天地》杂志在爱多亚路（今延安东路）160号601室创刊，发行方天地出版社的出资人杨淑慧即周佛海夫人，实际的幕后支持人是陈公博，苏青则全权负责出版社的一切事务。

《天地》自1943年10月至1945年6月共出版21期，苏青集编辑、出版、发行于一身。《天地》具有市民趣味，又有女性主义特色的办刊风格，成为上海沦陷时期出版的期刊之中一道别具情调的风景。1944年8月，与《天地》内容相呼应，由班公主编的《小天地》出版，创刊号上刊登张爱玲《炎樱语录》《散戏》以及胡兰成《谈谈苏青》等文，该刊到1945年5月共出版五期。

天地出版社的单行本出版则完全为苏青的个人作品定制。1944年4月，苏青的散文集《浣锦集》出版，此书收入了她十多年来的创作作品53篇，陶亢德在序言中称苏青是"写得出好文章的天生女人"，认为她的作品的优点是"以女人谈女人事而无女人气"，文字"不哀哀切切，而能浩浩荡荡"。此书请周作人题签,苏青特地制作一批限量编号签名本,初版发售后一时洛阳纸贵,市面上竟然有书贩抬高价格出售,一个月内便印了三版,很快印到十几版。同年7月份出版《结婚十年》。《结婚十年》在《风雨谈》月刊连载时,已因其独到的视角、大胆直爽的表述而风靡沪上,结集出版后继续受到广大市民读者热捧,此书一直印到30多版,甚至超过张爱玲的作品,堪称当时出版业的一个奇迹。1945年,天地出版社出版了苏青的《涛》和《饮食男女》。抗日战争结束后,苏青身边的"贵人"们纷纷落马,大多以汉奸身份遭受惩罚,天地出版社也陷入停顿。

苏青著《浣锦集》

1947年到1948年间由位于自忠路244弄7号的四海出版社(天地书店)出版苏青的《结婚十年》正、续集以及《歧途佳人》,此当为战后苏青曾短暂经营过的出版业务。

苏青著《结婚十年》

《小天地》

大雄书店/大雄书局(1943—1955)

陈海量(1909—1983)出生于浙江天台县一个佛教家庭,自幼随父母礼佛读经,深受佛法熏陶。1931年,他前往慈溪五磊寺拜谒驻锡此地的弘一法师,并皈依法师座下。1938年,陈海量应邀赴沪参加大法轮书局的筹建,并编辑《觉有情》半月刊。大法轮书局创办初期的所有工作,均由他一人承担。此后,陈海量参与沪上佛教青年会、弘一大师纪念会、佛教图书馆、大雄奋迅团、大雄书店、大雄书局等多家机构组织的创办及日常工作。

大雄书店专门出版和流通佛教书籍,1943年在北京路316弄24号设函购部,后曾在六马路(今北海路)113号设门市部,后期迁往淮海中路254号佛教青年会所在地。自1943年起,出版及流通的书籍有陈海量编著《在家学佛要典》《大雄画传》《可许则许》《知己知彼》等,前两种由丰子恺题名并插画;他还参与编辑《弘一大师永怀录》《晚晴山房书简第一辑》等。其他印行或经售的出版物有《真快乐》(德育推行社出版)、《大雄传》《死后的审判》《妙音集》《佛法灵徵:附念佛灵应记》等。

1948年,大雄书店易名大雄书局,陈海量担任发行人,地址设于林森中路(今淮海中路)271弄16号,此地也是佛教青年会和大雄奋迅团所在地。除再版原大雄书店的出版物外,大雄书局于1948年发行纪念弘一法师圆寂五周年的《永恒的追思》,并出版陈海量编著《健康之路》《自我介绍》《建设佛化家庭》等、冯宝瑛《佛法要论节本》、佛青少年部编《佛教的真面目》、理真居士编《虚云禅师事略》《来果和尚自行录》等。

新中国成立后,大雄书局发行所迁往武胜路157号,出版活动持续至1955年。

《晚晴老人讲演录》　　　　　《在家学佛要典》　　　　　《佛教的真面目》

亦庐医室（1947—1949）

亦庐医室是马问我创办的中医诊所。马问我出生于上海浦东的中医世家，依靠祖传的治疗咳嗽吐血的秘方，加之他本人大量的行医经验和社会活动能力，在抗战初期的上海滩声名鹊起。

1938—1941年间，马问我在辣斐德路、亚培尔路（今复兴中路、陕西南路）交口的黄永春药店内设诊，后来又分别在蓝田路123号佛光疗养院和霞飞路（今淮海中路）987弄内的天和堂药号开办诊所。1947年9月起，马问我在复兴中路1222号自设"亦庐医室"中医诊所。他每天上午在亦庐医室出诊，主治男妇内科，并提供中医调理咨询。下午2点到4点，他经常去林森中路（今淮海中路）987弄内的侠谊施诊分所主持对贫民的义诊。下午5点到6点，他还在金都广播电台播讲医学常识，针对疑难杂症答疑解惑。

马问我的亦庐医室不仅为患者解除病痛，还曾出版马问我自编的关于中医和健康的书籍，为示郑重，对外发行时还用了复兴书局这个名称。

目前已见的亦庐医室正式出版物有两种。第一本是1948年11月出版的《健康指导（附肺病自疗法）》。该书引用中医原理，提出一系列健康养生理念。全书分"养身莫如节欲""要多吸新鲜空气""须要太阳光""每天要运动""须吃有益身心的食物""要保持清洁""不要剥削你的睡眠""要有相当的愉快""坐正立直睡稳"等章节，现在看来，这些健康理念仍未过时。1950年，这本书曾同马问我编的另一本书《百病良方》合订出版过。沪上名中医丁福保在其序言中写道："马氏问我，浦东世医，男妇杂症，肺胃调摄，素著独步，其诊断详切，临诊察微，尤具医家道德，悬壶廿余载，活人无算。"可谓评价甚高。由这本书中的广告可知，马问我的复兴书局编印过一套"马氏医学丛书"，包括《医界明灯》《生活指南》《胃病指南》《百病良方》等几种，惜目前笔者仅见《百病良方》一种，其他各种还待日后发现确定。

第二本为《健康实验录》，1949年2月出版。该书主要收录了从沪上各种报刊文章以及诊所、电台来函中摘编的各界人士如何恢复健康的实例,旨在向民众普及健康的生活方式和科学的养生理念。该书和《百病良方》的校订均由马问我的门生孙思清负责,他曾随马问我坐堂听诊、悬壶出诊四年。新中国成立后,孙思清担任上海市第十人民医院中医科主任直至退休,这位著名老中医在97岁接受采访时仍思维清晰,妙语迭出,可谓真正领会贯彻了恩师的健康养生之道。

马问我在金都广播电台广告

马问我编《健康实验录》

晨光出版公司(1949—1953)

1946年底,离开良友出版公司的赵家璧与作家老舍商量合资创办一家出版社,凭借这两人在出版界和作家圈中的地位,注册在哈尔滨路258号的晨光出版公司很快开启了出版业务。画家庞薰琹应赵家璧请求,根据唐朝砖刻上图案,设计了古雅优美的寓意"雄鸡一鸣天下白"公司标记。以后庞薰琹还为晨光版的"美国文学丛书"设计了封面、环衬等,皆具诗意和美感,体现出他高雅的装帧设计水准。

1947年1月,第一批"晨光文学丛书"问世,此时老舍虽然已远赴美国,但他百万字的长篇小说《四世同堂》成为此丛书鼎力之作。老舍在晨光出版的作品还有《老舍戏剧集》《月牙集》《赵子曰》《骆驼祥子》《方珍珠》等多种。巴金也是晨光的重要作者,他的《寒夜》《第四病室》《憩园》等先后出版。紧接着又有钱锺书的《围城》、师陀的《结婚》、陆小曼编的《志摩日记》等优秀作品相继问世。该丛书的其他作品还有王统照《春华》、李广田《引力》、张天翼《在城市里》、阿英《杨娥传》等。赵家璧凭借当年编辑"良友文学丛书"积累的经验实力,将这套晨光版的文学丛书顺利推向市场,持续热销,购者踊跃。

"美国文学丛书"是抗战末期由美国驻华使馆文化参赞费正清提议,中方由郑振铎主持,夏衍、冯亦代、徐迟等人负责实际操作。这套丛书总共18种20册,包括美国文学史论、小说、散文、诗歌、剧本,作者有朗费罗、爱伦·坡、惠特曼、马克·吐温、海明威、德莱塞、休伍·安特生、奥尼尔、斯坦贝克、陶乐赛·派克等,翻译则由徐迟、张骏祥、冯亦代、楚图南、洪深、吴岩、罗稷南、袁水拍、焦菊隐、朱葆光、荒芜、石父华等人担当,由美方负担部分译稿费,中方负责出版发行。1947年秋,郑振铎亲自将这项重任交给了赵家璧,并要求第二年年一次性出齐。赵家璧不负众望,克服了战后出版业遇到的种种困难,经过多方协调,终于在1949年3月上海解放前夕使这套丛书同广大读者见面。他本人也翻译了斯坦贝克描写二战期间挪威沦陷的小说《月亮下去了》。

另外晨光出版公司出版的《英国版画集》《苏联版画集》和《中国版画集》,也成为较为全面地介绍版画艺术的资料文献。

晨光出版公司开办不久即从哈尔滨路赵家璧家中搬至四川中路215号农工大楼四楼,新中国成立后则迁至福州路江西路口的汉弥尔登大楼。1954年公私合营,晨光出版公司并入新文艺出版社和上海人民美术出版社。

"晨光文学丛书"之萧乾著《珍珠米》

"晨光世界文学丛书"之《现代美国文艺思潮》

"晨光文学丛书"之《志摩日记》

海上书局名称拼音索引

（新）表示新中国成立后

作家书屋　204、205
众乐出版社　145
中医书局　121、122、132
中央书店　102、103、161
中学生书局　128、129
中西书局　159
中外书局　60
中日文化协会上海分会　206
中华新教育社　49、50、161
中华图书馆　34、35
中华日报社　177
中华大学图书公司　192
中华书局　49、51、53、62、68、84、100、102、115、123、127、128、130、135、149、161、174
中国养鸡学社　143
中国文化服务社　186、187
中国史地图表编纂社（重庆）　198
中国农业书局　24、25
中国美术刊行社　104、105
中国旅行社　92、93
中国科学图书仪器公司　148
中国基督教联合书局（新）　14
中国电影研究社　138
正言出版社　213
正气书局　71、184、185
真美善书店　21、22、23、84、104
长江书店　66
长城书局　155、156
云海出版社　202、210
远东画报社　85
宇宙风社　176、177
有正书局　17、18、21
有益书局　69
永祥印书馆　30、31
蟫隐庐　45
音乐出版社（北京新）　191
亦庐医室　218
艺苑真赏社　42、43
艺林社　117
医学书局　32、33
夜窗书屋　176、200
亚细亚书局　117、118、126、187
亚伟图书出版社　194
亚伟速记学校　194
亚光舆地学社　198、199
亚东图书馆　28、38、39、69
形象艺术社　88、89
新钟书局　126、127
新中国书局　153、154
新知书店　202、210
新知识出版社（新）　20
新月书店　23、97、98、104
新音乐出版社　191
新亚书店　100、101
新学会社　24、25
新闻报馆　11、42
新文艺出版社（新）　173、203、205、211、221
新文化书社　68、69、71
新时代书局　151
新时代出版社　197
新生书店　114
新青年社　66
新民图书馆兄弟公司　56、57
新民图书馆　56、57
新民书局　15

222

新美术出版社（新） 83
辛垦书店 140、141
校经山房书局 26
校经山房成记书局 26、27
晓星书店 145、146
小说林社 21、23
小朋友书局 75
现代书局 94、95、96、108、130、172
现代教育研究社 75
霞社 196、197
戏学书局 132、145、146
西门书店 196
西风社 176、182、183、200
文艺小丛书社 15
文艺书局 84、126、127、130、170
文献社 85
文明书局 32、49、100、155、161
文工书店（新） 126
万叶书店 189、190、191
万象图书馆 102
万象书屋 102、103
土山湾印书馆 7、8
童联书店（新） 150
同文学会 13
同文书局 178
通联书店（新） 39、69、75、103、150、162、199
天地书店 215
天地出版社 214、215
泰东图书局 40、41、70、72、73、82、126

太平洋印刷公司 54
太平洋书店 54、55
太平书局 177、212、213
太平出版印刷公司 212
四美堂 180、181
四联出版社（新） 75
四海出版社 215
水沫书店 107、108
书报合作社 170
世界舆地学社 16、161
世界书局 5、15、16、37、49、51、52、53、60、74、102、103、135、138、161、164、165、174、180
世界佛教居士林 136
时事新报馆 23、123
时代图书公司 104、105、106、176
时代书局 104、105
时报馆 17、18、46、47
圣教杂志社 8
生活书店 159、178、189
神州国光社 19、20、112
申报馆 34
少年书局 154
上海杂志公司 40、94、170、172、173
上海舆地学社 198
上海银行旅行部 92
上海新文艺出版社（新） 85
上海文化出版社（新） 75、160
上海图书公司（新） 43
上海书局 34

上海书店 66
上海人民美术出版社 221
上海联合书店 73
上海科学技术出版社 48
商务印书馆 3、34、44、46、47、51、53、62、63、78、98、114、135、147、149、151、153、157、161、174、208
扫叶山房书局 5、6
三星书局 58、59
三通书局 134、135
三省堂（日本） 135
三民图书公司 80、81
三江书店 178
人世间社 75、178、179
人生书局 151
人民音乐出版社（新） 189、191
人民出版社 66
人间书屋 176
群众图书公司 40、70、71、115、123、172、185
群益书社 28、29、145
群益出版社 202、210、211
求益书社 29
卿云图书公司 86、87
卿云书局 86
青光书局 75
勤奋书局 132、133
千顷堂书局 11、12
启智书局 55、77
启明书局 161、180、181
平凡书局 128、129
女子书店 157、158、170

223

南强书局 66、111、119、120	襟霞阁图书馆 102	161、185
南华书店 69	金星书店 196、197	广学会 3、13、14、174
墨海书馆 1、2	金屋书店 23、104、105、115、126	广文书局 51
民智书局 64、65、84		广仓学宭 44、45
美华书馆 2、3、4	江左书林 6	光明书局 84、85
龙文书店 132、168、169	江南学社 100	光华书局 127、130
龙门书局 147	江南图书局 100	古书流通处 161
龙门联合书局 147、148	江南书店 67、83	古今书店 181
梁溪图书馆 40、69	家杂志社 183	古今出版社 208、209
良友图书印刷公司 78	家庭书社 146	共和书局 102
良友复兴图书印刷股份有限公司 79	家出版社 182、183	公民书局 62、63
	集成图书公司 34	公论社 85
联合文艺出版社 173	会文堂书局 159	公道书店 196
连联书店（新） 81	皇冠出版社（台湾－新） 103	革新书局（广州） 76
励力印书局（天津） 184		复兴书局 218
励力出版社 71、184	环球图书公司 114	佛学书局 132、136、137
立达学园 188、189	怀正文化社 200	佛教书店（新） 137
黎明书局 123、124、149	华通书局 134、135	风雨书屋 85、192、193
乐群书店 66、111、113、114、119	华东书局 130	芳草书店 115、116
	华花圣经书房 3	法律函授学社 47
乐华图书公司 73、84、127、130、131	湖畔诗社 196	儿童书局 40、59、115、132、149、150
	鸿宝斋 5	
昆仑书店 66、67、111、119	弘化社 137	东亚书局 102
科学图书社 38	海左书局 5	东南书局 102
科学书局 64	海燕书店 202、203、210、211	东华书局 107、108
科学出版社（新） 148		东方舆地学社 47
亢德书房 176、177	海燕出版社 202	东方文化编译馆 206、207
开明书店 96、108、110、112、123、149、159、170、189	国学扶轮社 161	东方图书杂志公司 55
	国际书局 59	东方书局 206
	国际书报公司 40	点石斋石印书局 34
开华书局 128、129	国华新记书局 36、37	第一线书店 107、108
竞文书局 132、174、175	国华书局 36、37	第一出版社 104、105、106
经纬书局 166、167	广智书局 16、161	地图联合出版社（新） 199
进步书局 161	广益书局 15、16、75、103、	德园家禽函授学校 143

德育推行社 216
大众书局 161、162
大中书局 41、59
大中华书局 58、59
大中国图书局 75、178、179、198、199
大雄书局/大雄书店 216
大新书局 41
大同书局 170
大陆图书公司 60、61
大陆书局 170
大江书铺 109、110
大华书局 34、161、164、165
大光书局 73、170
大法轮书局 137、216
大东书局 16、37、46、47、48、49、161

大达图书供应社 15、16
大成书局 26、27
达文书局 181
慈母堂 8
春野书店 90、91
春明书店 159、160
春明出版社（新） 160
春江书局 80
春光书店 170
春风音乐教育社 188、189
春潮书局 66、111、112、113、119
创造社出版部 82、83、90、91、113
出版合作社 76、77
成善出版社 143、144
晨钟书局 184

晨光书局 112
晨光出版公司 79、220、221
朝华社 111
仓圣明智大学 44
博览书局 138
别发印书馆 9、10
别发洋行 9、10、212
别发书局 9
彪蒙书局 16
璧园会社 34
笔耕堂书店 66、67
北新书局 74、75、111、168、189
北方人民出版社 66
百新书局 5
爱俪园 44、45

225

后　　记

我开始关注中国晚清至民国时期的出版物,始于 2008 年 8 月那个举国欢腾的奥运之夏。

起初,我将主要精力集中在民国时期规模仅次于商务印书馆和中华书局的第三大出版机构——世界书局上。用数年时间,我详查了这家书局 40 余年的经营历程,编成大事记一部、总书目一册。为此还同书局创办人沈知方先生的后代以及国内多位研究近现代出版史的专家取得联系,在交流学习过程中受益匪浅。2017 年 9 月,在资深出版人祝君波先生的推动支持下,上海市政协文史委员会(现学习和文史委员会)召开了纪念世界书局 100 周年座谈会,并由新闻出版博物馆编印《世界书局文献史料汇编》一册,我也应邀参与了组织和编辑工作。

在上述工作的推进过程中,我将视线越来越多地投向同时期的其他出版机构,发现了许多既陌生亦有趣的老书局。不知不觉,我的资料库里积累了大大小小 2000 多家出版机构的信息。相比朱联保编撰《近现代上海出版业印象记》(学林出版社 1993 年版)中所列的近 600 条目,我不由惊叹上海从 1843 年开埠到 1949 年中华人民共和国成立百年间,其出版业的发展过程竟然如此波澜壮阔、气象万千。如今 30 年过去,民众和研究界对这段历史的了解和研究,单单从出版机构这个角度来看,是有非常大的拓展空间的。而通过各种途径收集、阅读、查询资料来编写这些老书局的故事,让我真正体会到了钻研"故纸堆"的无穷乐趣。

由于篇幅有限,本书只能从洋洋两千多家出版机构中遴选出大小书局 120 余家,且以五四运动后成立者居多。介绍一家书局的文章,少的不足千字,多的也仅有两三千字。

许多众所熟知的出版机构,如商务印书馆、中华书局、开明书局、生活书店、文化生活社等,还有较早的江南制造局翻译馆、点石斋印书局、同文书局、鸿宝斋书局等,本书并未收入。我们并不是不知道它们在中国近现代出版史上地位的重要,只是因为它们早已成为几代出版史专家的研究重点,已有诸多详实、精湛的研究专著出版。

在此书编著过程中,我查阅了大量原版出版物、报刊新闻报道和广告、相关人物的回忆以及各种学术论著,从中发掘出很多以前未被关注过的,或者是被讹传的内容,力图为近现代出版史还原出更新颖、更清晰的面貌,相信读者在阅读过程中能享受到其中的趣味。

关于书局史话这样的题材,我以为以图文本的形式为最佳。目前图书业虽然已经认识到图片的重要性,但从出版现状来看,还是远远不够的。本书虽然做到了每家出版机构都配以数幅图片,但由于资料匮乏、来源有限,大多数采用的是出版物封面、版权页、标识、图书广告、发票等图片;其实如出版人、著作人、书局建筑、地理位置等相关图片,甚至于相关的衍生艺术创作,也都可以用于其中,以展现图文本书籍的真正魅力和价值。

此书得以出版,我要由衷感谢这些年来引领我不断进步的多位良师益友。如本丛书主编张伟老师,他数十年孜孜不倦收藏和研究近现代史料,成就非凡,每次与张老师交流,我都如同上了一堂生动有趣的历史课,印象深刻。同样的师友还有我时常请教的柳和城老师、陈克希老师、韦泱老师、叶新老师、祝淳翔老师等,他们在各方面给过我鼓励和帮助。感谢喻纬老师对此书倾注关心,不断提出建议。当然还要感谢上海大学出版社及总策划黄晓彦老师对此书出版所付出的努力。

最后,将此书献给我的母亲。母亲年届九旬,仍能有条不紊地独自安排好自己的日常生活。我初中起离家读书,与父母聚少离多,缺乏交流。但步入中年后,我愈发感受到母亲犹如我生命中的守护神,以一股无形之力牵引我行走在人生轨道上,我真希望能长长久久地享受这种幸福的牵挂,祝母亲福寿安康!

樊东伟

2022 年 7 月 16 日于叶榭知一斋